De l’enfer au paradis

Fabrice Hawkins
avec Apolline Bouchery

De l'enfer au paradis

Les secrets des deux saisons
qui ont changé l'histoire du PSG (2023-2025)

Flammarion

ISBN : 978-2-0804-8829-9

PARTIE 1

L'enfer de la République des joueurs

« C'était moi, avec mes qualités et mes défauts ». Le 10 mai 2024, Kylian Mbappé annonce qu'il va quitter le Paris Saint-Germain à l'issue de la saison, quelques semaines plus tard. La fin d'une aventure de sept ans, qui s'est achevée dans un climat de tension. Le résultat de longs mois de tractations et d'engueulades mais aussi de nombreuses années d'un management chaotique et d'une fascination pour les stars, à l'issue desquelles le PSG a fini par se prendre les pieds dans le tapis. C'est pour le club le moment d'une véritable bascule.

1

Neymar, Messi, Mbappé, des stars plus grandes que l'institution

Enlever un sparadrap ne se fait jamais sans douleur. Vous avez beau vous y préparer, anticiper la sensation d'arrachement de la peau, tenter d'y aller doucement pour avoir le moins mal possible, rien n'y fait. Alors avec l'expérience, vous finissez par savoir que mieux vaut tirer d'un coup sec, avoir mal quelques secondes mais faire en sorte que le supplice dure le moins longtemps possible. Quand la plaie est profonde, c'est encore pire. Il n'empêche qu'il vaut mieux qu'elle cicatrise à l'air libre. Le PSG a finalement compris que le mal était profond au moment où Kylian Mbappé a annoncé son départ à l'été 2024. Pas tellement du fait de sa décision en elle-même, bien qu'elle ait fait des remous. Mais en raison de sa forme : le club parisien est passé, à ce moment précis, du statut de puissance dominante à une position de soumission en l'espace de quelques secondes. Et la direction a pris en pleine figure une réalité qu'elle refusait jusque-là de voir : non, elle n'était pas une institution forte ; oui, elle était soumise aux joueurs.

Pour comprendre le malaise, il faut remonter plus avant dans l'histoire des Qataris au PSG. Le 30 juin 2011, Qatar Sports Investments rachète le club au nom du fonds souverain Qatar Investment Authority. Alors que les Claude Makélélé, Sammy Traoré et Grégory Coupet prennent leur retraite, que Ludovic Giuly ou Jérémy Clément quittent le club qui vient de faire signer Kevin Gameiro et Nicolas Douchez juste avant le changement de main, 100 millions d'euros sont d'emblée mis sur la table pour le premier recrutement. Un choc, à l'époque, dans un milieu du football français qui découvre un nouveau mode de fonctionnement… et de financement, par un État qui n'a pas de limite dans ce domaine et ne va cesser de le prouver. Pour le meilleur et pour le pire.

L'argent pour aller vite

Dans un club qui avait frôlé la relégation en deuxième division en 2008, c'est un tremblement de terre. Longtemps relégué dans une deuxième catégorie d'équipes derrière l'Olympique de Marseille et l'Olympique lyonnais, le PSG change tout de suite de dimension. Leonardo prend la direction sportive, Jean-Claude Blanc arrivera pour occuper le poste de directeur général. Les grandes manœuvres sont immédiatement lancées avec des arrivées nombreuses. Jérémy Ménez, Salvatore Sirigu, Blaise Matuidi entre autres. Fraîchement nommé, le président Nasser Al-Khelaïfi affirme aussi chercher le « nouveau Messi ». Mais le premier grand coup est frappé avec la signature de Javier Pastore : 42 millions d'euros, un record en France à l'époque pour une somme qui pourrait presque passer pour banale aujourd'hui. L'hiver suivant sera bien plus marquant encore. Carlo Ancelotti, figure de l'AC Milan à qui il a fait soulever deux fois la Ligue des champions, débarque sur le banc après avoir triomphé en Premier League avec Chelsea. Antoine Kombouaré est débarqué. Trois grands noms arrivent pour gonfler les rangs de l'effectif parisien : Maxwell, Thiago Motta et Alex. Cela ne suffira pas à relancer la machine en Ligue 1 : c'est l'année du sacre surprise de Montpellier, devant Paris. Alors l'été 2012 est encore plus chaud et la direction parisienne accélère. Le prometteur Marco Verratti arrive, tout comme Ezequiel Lavezzi. Mais surtout, deux très grands noms rejoignent le projet : Zlatan Ibrahimovic et Thiago Silva, les deux joueurs les mieux payés de l'AC Milan et qui vont faire les grandes heures de la révolution parisienne.

Marquinhos, Edinson Cavani, Angel Di Maria, Lucas Moura, David Luiz, Mauro Icardi, Achraf

Hakimi… tous les citer serait vain. Trois vont retenir l'attention plus que les autres. À l'été 2017, le PSG balaie tout ce que la planète football avait vu auparavant. Tous les codes sont bouleversés et c'est le coup d'envoi d'une nouvelle ère dans le monde du ballon rond. Deux joueurs débarquent dans la capitale française : Neymar et Kylian Mbappé. Le Brésilien, héros de la remontada du Barça face au club parisien en Ligue des champions quelques mois plus tôt, se rêve en superstar du football, Ballon d'Or et meilleur joueur du monde. Dans son esprit, il ne pourra l'être que loin de l'ombre de Lionel Messi. Le PSG ne supporte plus les désillusions en Coupe d'Europe et se cherche un symbole autant qu'un joueur hors normes, prêt à marquer l'histoire. Ce sera donc Neymar. Et les modalités de son arrivée disent tout. 222 millions d'euros. Tous les records sont explosés. Le fair-play financier si cher à Michel Platini semble bien loin mais après tout, le PSG n'est pas le seul à jouer avec les règles. Paris a décidé de payer le montant de la clause libératoire prévue dans son contrat au FC Barcelone. Le monde entier est sous le choc et réalise soudain que même des clubs de l'envergure du Barça ne peuvent rivaliser avec le PSG version qatarie. Les grands clubs européens ne pardonneront jamais véritablement aux dirigeants parisiens ce qu'ils considèrent comme un affront, un non-respect des règles tacites du football. Le PSG n'en a que faire.

Il enchaîne avec un autre coup gigantesque : le même été, le prodige du football français débarque lui aussi à Paris. La terre entière lui faisait les yeux doux après son explosion exceptionnelle à Monaco. Kylian Mbappé, né à Bondy, choisit Paris plutôt que Manchester City ou le Real Madrid. Il débarque en prêt avec option d'achat quasi automatique, activée l'été suivant. Le troisième coup immense sur le marché des transferts arrive en 2021 avec le recrutement de Lionel Messi. Le meneur de jeu argentin, en fin de contrat au Barça, est contraint de quitter le club catalan, en plein gouffre financier. Il signe finalement au PSG pour former un trio offensif avec Neymar et Kylian Mbappé. Du jamais vu. Sans doute le joueur a-t-il en tête la Coupe du monde 2022 au Qatar. Les dirigeants, eux, jubilent. Ils vont pourtant s'en mordre les doigts.

Pour rattraper le retard abyssal du PSG sur les grands de France et d'Europe, le Qatar a misé sur la rapidité. Et pour aller vite dans le football, l'argent est un bon argument. Mais les chèques ne font pas la cohésion d'équipe. Les dirigeants parisiens vont l'apprendre à leurs dépens mais en tirer les conclusions bien tard. Leonardo, Jean-Claude Blanc, Carlo Ancelotti et ses successeurs sur le banc… personne n'a jamais vraiment eu la main dans ce projet. Les joueurs, arrivés en giga-stars, l'ont vite compris. Et les contacts entre eux, Leonardo et Nasser Al-Khelaïfi, voire parfois jusqu'à l'émir lui-même (pour Marco Verratti notamment), se faisaient régulièrement sans intermédiaire. Thiago Silva et Zlatan Ibrahimovic profiteront de leur aura pour s'affirmer. Ils obtiendront souvent gain de cause, sur les recrutements comme sur des décisions du quotidien, des primes aux stages, des jours de repos à l'intendance. Le contact est trop direct entre les stars et le sommet du club. La hiérarchie managériale sert-elle encore à quelque chose ? Pas vraiment. Leonardo sera le premier à en pâtir : le directeur sportif a ses torts, sur fond de réseaux privilégiés et de chouchous dans le vestiaire. Mais le paroxysme sera atteint sous l'ère Mbappé-Neymar.

La cohérence du vestiaire n'est pas une priorité. Elle n'a du moins pas été pensée. Les stars mènent la danse sur tout… y compris quand il s'agit d'humour : certains joueurs rient plus fort à une blague quand elle amuse les cadors parisiens. Une forme de courtisanerie version « Ancien Régime ». La communication entre joueurs, ou entre joueurs et staff, n'est pas toujours simple non plus. À tel point que Kylian Mbappé, qui apprend l'espagnol depuis plusieurs années et maîtrise de façon impeccable la langue, s'est plusieurs fois mué en interprète pour transmettre les consignes aux joueurs francophones, notamment sous l'ère Mauricio Pochettino. Au risque qu'il y ait une déperdition, même minime, de certains éléments, ou que certains se demandent si le buteur français a bien tout compris… Tout sauf un détail, qui durera des années, avec à chaque fois des clans linguistiques, notamment au moment du recrutement de plusieurs Brésiliens. Les francophones d'un côté, les lusophones de l'autre. Imaginez le malaise. Ajoutez-y des largesses dans l'attitude de certains. Comme lors de l'élimination par le Real Madrid en mars 2022, face à un Karim Benzema stratosphérique en huitième de finale de la Ligue des champions. Ce soir-là, certains Parisiens voulaient rester dans la capitale espagnole… pour faire la fête avant de rentrer en France. C'était tout de même aller un peu loin, même au PSG, même dans un club qui a autorisé beaucoup de choses à ses stars. Très énervé, Nasser Al-Khelaïfi avait lui-même rappelé à l'ordre tous ceux qui avaient en tête de sortir dans Madrid. Ils rentreront finalement tous le soir-même.

Il ne peut y avoir qu'un coq dans une basse-cour mais au PSG, ils sont nombreux. Son prix, son passé barcelonais et son jeu flamboyant permettent à Neymar de rapidement revendiquer la suprématie du vestiaire. Et dans un premier temps, elle n'est pas contestée. Mais Neymar a beau mettre le monde du football à ses pieds quand il joue, il se retrouve handicapé par une série de blessures particulièrement difficiles à soigner : fracture du cinquième métatarsien en février 2018, rechute en janvier 2019, opération de la cheville en mars 2023… Il ne s'en remettra jamais.

Surtout qu'on apprendra plus tard qu'il était arrivé au PSG avec une fracture de fatigue au pied droit, celui qui sera à plusieurs reprises touché lourdement. Pas anodin pour un attaquant dont le style de jeu met pieds et chevilles à rude épreuve. Son corps paye aussi le prix d'une hygiène de vie pas toujours irréprochable. Sa réputation de fêtard était étouffée à Barcelone, elle est connue du milieu de la nuit parisienne. S'ajoutent aussi des allers-retours en Catalogne qui passent mal, traduisant un attachement jamais vraiment rompu avec un club qu'il a pourtant quitté parce qu'il se considérait trop dans l'ombre.

À force, Neymar a perdu de son aura. Et avec elle, la mainmise qu'il pouvait avoir sur le club. Car en parallèle de ce qu'il évoquera plus tard comme une descente aux enfers, un autre joueur prend le *lead*. Kylian Mbappé n'est plus le grand espoir arrivé sous la forme d'un prêt avec option d'achat en 2017. Performant et impactant – statistiquement comme visuellement –, il est devenu le chouchou du public parisien, français, européen et même au-delà. Avec un moment de grâce : la Coupe du monde 2018. La deuxième étoile conquise par l'équipe de France l'a été en partie – en grande partie même – grâce à lui. Un huitième de finale d'exception contre l'Argentine de Lionel Messi, un but en finale face à la Croatie et, en plus d'un talent immense et d'une folle précocité, le sourire et l'insouciance de la jeunesse.

Kylian Mbappé a conquis les cœurs, au PSG où on est si fier de le compter dans ses rangs, comme en dehors. Neymar, à ce moment-là, est relégué dans une deuxième catégorie du vestiaire parisien. Dans la première, Kylian Mbappé est seul.

La prise de pouvoir du camp Mbappé

C'est à ce moment-là que le joueur et son entourage prennent la main sur tout ce qu'on veut bien leur céder… et le club va se montrer particulièrement généreux. Cela passera par des négociations, notamment salariales. Mais aussi par une communication de plus en plus contrôlée. Au cœur du dispositif qui se met en place, sa mère, Fayza Lamari. Elle sera régulièrement la cible des critiques, décuplées par une misogynie ambiante dans un sport qui peine encore à faire de la place aux femmes. Mais la plupart des reproches concerneront son intransigeance et sa volonté d'avoir la main sur tout ce qui concerne son fils et parfois au-delà. De près – on peut le comprendre pour une mère qui est aussi sa conseillère –, mais aussi de loin. Et donc partiellement sur le PSG. Elle suscite en tout cas de l'animosité, au point d'être la cible de reproches pour le moins étonnants. Le bruit court par exemple qu'elle serait avare au point de récupérer tout ce qu'elle peut dans la loge du Parc des Princes, boissons comprises, pour le rapporter chez elle après chaque match. Dans son entourage, on rit de cette idée et on avance surtout sa générosité et sa volonté de redistribuer autour d'elle. C'est dire le malaise.

Kylian Mbappé a donc petit à petit pris l'ascendant, dans le vestiaire comme au sein du club. Un joueur à part, une personnalité au diapason. Et très tôt la volonté d'être au centre des débats. Il faut se souvenir de ses débuts à Monaco. Leonardo Jardim, conscient de la pépite qui se nichait dans le centre de formation monégasque, ne voulait pas brûler les étapes en surexposant celui qui n'était encore qu'un gamin. Il lui accordera ses débuts en Ligue 1 avant ses 17 ans, en décembre 2015 face à Caen : quelques minutes qui font de l'attaquant le plus jeune joueur de l'histoire à porter le maillot de la Principauté en première division, devant un certain Thierry Henry. Mais il n'est pas toujours retenu par son entraîneur dans le groupe professionnel et son entourage s'agace : dans la famille Mbappé, on s'impatiente vite. Et on le fait savoir à la direction du club, qui fait remonter les informations de manière diplomatique à Leonardo Jardim. L'entraîneur finira par comprendre qu'il est dans son intérêt comme dans celui du club de voir le Bondynois sur le terrain. Personne n'était dans la tête du Portugais pour savoir s'il a cédé aux desiderata extérieurs ou si la décision d'installer le jeune joueur dans l'effectif sur la durée émane à 100 % de lui. Mais déjà à l'époque, le club monégasque a appris à composer avec un entourage omniprésent. À l'été 2016, Monaco avait repoussé les offres venues de l'étranger – notamment de Manchester City – pour garder Kylian Mbappé un an de plus. En 2017, son départ au PSG avait tardé pour cause de négociations à rallonge sur les modalités de transfert (un prêt avec option d'achat pour étaler les paiements, notamment dans le cadre du fair-play financier, après la levée de la clause libératoire de Neymar). Leonardo Jardim justifiera le passage sur le banc du joueur à l'époque comme une mesure pour le « protéger » : « Quand il se passe autant de choses autour d'un gamin de 18 ans, c'est notre responsabilité de le protéger », avait-il dû se justifier en conférence de presse. Avant que tout ne soit résolu… par un départ. À l'ASM, Kylian Mbappé aura tout de même pris goût à la victoire et aux trophées avec un titre de champion de France en 2017 et une demi-finale de Ligue des champions (perdue face à la Juve). On comprendra plus tard que lorsque vous commencez si haut, les échecs sont plus difficiles à accepter.

Au fil des années, Kylian Mbappé deviendra peu à peu un État dans l'État au PSG. Installé sportivement et médiatiquement au rang des plus grands, annoncé comme celui qui fera oublier Lionel Messi et Cristiano Ronaldo, le joueur impose sa patte sur le pré. Mais surtout dans tout ce qui se situe autour. Tout ce qui le concerne sera supervisé par sa mère et conseillère Fayza Lamari. Le club passera en second dans les prises de décisions. Vous trouvez ça dingue pour un club d'une telle ampleur ? C'est en fait l'aboutissement de tous les passe-droits accordés, depuis le début de l'ère qatarie, à plusieurs cadres et chouchous du vestiaire. Kylian Mbappé n'en aura finalement été que le paroxysme.

Kylian Mbappé ne veut pas parler à la presse ? Il ne parlera pas. Il veut choisir tel média plutôt que tel autre pour donner une interview ? Il le fera. Fayza Lamari voit son influence grandir, au point de devenir une interlocutrice incontournable. Après tout, le PSG a laissé la situation s'installer, le clan Mbappé n'a fait que s'engouffrer dans une brèche en l'élargissant chaque jour. Ils savent aussi appuyer là où ça fait mal, souffle cette petite main de l'équipe de communication du club, qui a vu passer les épisodes du « pivot gang » (quand Mbappé n'était pas satisfait de son positionnement sur le terrain, en octobre 2022) ou encore du « Kylian Saint-Germain » (en avril 2023, le joueur n'avait pas aimé être le seul Parisien mis en avant dans la campagne de réabonnement du PSG). Au point que la matriarche commence à instiller la peur au sein du club : on la craint, on l'écoute, on ne veut pas la froisser. Car derrière cette barrière maternelle se trouve le joyau du football mondial. C'est aussi une redoutable négociatrice : le PSG lui a présenté un projet qui érigeait son fils, dès son arrivée, en tête de gondole derrière Neymar et Edinson Cavani ? Elle a donc demandé, et elle aurait eu tort de s'en priver, à ce qu'il soit, sur un plan salarial, juste derrière le Brésilien et l'Uruguayen, donc à 18 millions d'euros brut annuels avec un salaire évolutif. Fayza Lamari serait même parvenue, dans un premier temps, à conserver les droits à l'image de son fils, avant qu'ils ne soient rapidement vendus au PSG.

Kylian Mbappé bénéficie de privilèges quantifiables (salaire, primes…), mais aussi d'autres qui le sont moins. « Il faut le voir pour comprendre », souffle ce proche du groupe. Le boss du projet, c'est lui. Et tout le monde est aux petits soins, dirigeants, staff ou kinésithérapeutes. Il suffit qu'il lève la tête pour qu'on lui demande s'il a besoin de quelque chose. Comme si le PSG se sentait flatté d'avoir dans ses rangs un tel joueur…

Épisode révélateur parmi tant d'autres : ces caméras qui, à plusieurs reprises, suivront Kylian Mbappé. Pas celles du club, non, les siennes, celles d'une équipe médiatique orchestrée par la famille. Le summum ayant été atteint à l'été 2023, après la non-activation de la clause de son contrat prévoyant une année supplémentaire. Alors qu'il avait été écarté de la tournée au Japon, le Français était suivi par plusieurs caméras dans son quotidien, comme pour prouver qu'il subissait une situation qu'il jugeait injuste de la part du club tandis qu'il restait irréprochable de professionnalisme. Plusieurs heures d'enregistrement en ont résulté. Pour plus tard. À son arrivée au Real Madrid, la direction du club espagnol lui a expliqué qu'il serait préférable d'attendre avant de sortir son documentaire. Son histoire avec le Paris Saint-Germain, qui n'est pas totalement terminée, est trop fraîche. Il sortira un jour. Et il y racontera sa version de l'histoire.

Pour les relations avec la presse aussi, c'est lui qui donne le ton, pas le club. Et à l'instar du PSG, nombreux sont les médias qui préfèrent passer une bonne couche de pommade sur le joueur et ses performances plutôt que de risquer de se mettre à dos Kylian Mbappé. À cette époque, le grand public est encore entièrement acquis à la cause du champion du monde. Les supporters et amateurs éclairés de football, eux, commencent à s'interroger sur certains comportements de la star. Reste que sur le terrain, il est difficile de reprocher quoi que ce soit au joueur, qui enchaîne les buts et les performances de haut niveau, parfois au sein d'un collectif moins flamboyant.

Neymar a fini par devenir un paria

Jusqu'à l'été 2023 et sa décision de ne pas rester au club jusqu'en 2025, tout était passé à Kylian Mbappé. Pas à Neymar. Sur le terrain, la comparaison entre Mbappé et le Brésilien est peu flatteuse, tant l'ancien joueur du Barça aura été handicapé par les blessures. Le montant de son transfert, son salaire et les différents passe-droits autour de ses sorties notamment, ça finit par ne plus passer. Entre lui et Kylian Mbappé, les relations sont aussi particulières. Et ça ne va pas jouer en la faveur de Neymar. Un jour ils sont les meilleurs amis du monde, le lendemain ils se disent à peine bonjour. L'arrivée en 2021 de Lionel Messi, que Neymar admire et avec qui il est ami, va finalement presque renforcer le malaise. L'Argentin se fiche d'ailleurs bien de la géopolitique du vestiaire parisien : il ne s'embarrasse guère de la plupart des obligations quotidiennes vis-à-vis du groupe, ce qui augmentera l'agacement de certains joueurs, déjà conscients – parfois frustrés – de ne pas avoir droit au même traitement que ces stars, placées au-dessus du club. Chacun choisira son camp. Marco Verratti, chouchou des supporters parisiens mais souvent critiqué pour ses performances en dents de scie et son hygiène de vie pas toujours irréprochable, paiera son amitié avec Lionel Messi par la détestation de certains jeunes du PSG. Lesquels verront d'un très bon œil le départ de ceux qu'ils considèrent comme des privilégiés pour qui le club passe après l'individu. Une preuve, à leurs yeux, de ce décalage : l'Argentin se fait son programme à la carte. À au moins deux reprises, il n'a pas hésité à quitter l'entraînement alors que la séance n'était pas totalement terminée, parce que le programme ne lui plaisait pas. Des joueurs comme Neymar, Verratti et Mbappé pouvaient se permettre, de temps en temps, avec la bénédiction de Christophe Galtier, de rester en salle pour ne pas participer aux exercices collectifs. Totalement inimaginable sous Luis Enrique. Plus globalement, l'arrivée des stars au PSG s'est accompagnée de comportements néfastes pour le club et le quotidien du groupe. Certains joueurs ont, par exemple, simulé des blessures, que les médecins avaient du mal à constater, pour ne pas jouer des matchs moins importants. Dans ces moments-là, le service communication s'est retrouvé démuni et des salariés obligés de se montrer créatifs pour justifier l'injustifiable, dans une ambiance délétère.

Que s'est-il réellement passé entre Neymar et Kylian Mbappé ? L'analyse est difficile. Il n'empêche qu'en 2022, au moment où le PSG parvient à convaincre le Français de prolonger son contrat et donc de snober le Real Madrid, Nasser Al-Khelaïfi va faire comprendre au champion du monde et à son entourage que Neymar quittera bientôt l'aventure PSG. Le Brésilien l'apprendra rapidement. La rupture est immédiatement consommée entre les deux hommes : il y aura des insultes, des contacts appuyés et des regards du coin de l'œil à l'entraînement. Face aux médias, ils s'afficheront certes presque bras dessus, bras dessous. Mais personne n'est dupe. Et les désaccords envahiront même le terrain. Le 13 août 2022 éclate le « penaltygate ». Paris affronte Montpellier et l'arbitre siffle une main d'un défenseur héraultais sur une frappe de Lionel Messi. Neymar s'empare du ballon pour aller le tirer. Mais Kylian Mbappé, frustré d'en avoir raté un quelques instants plus tôt, vient parler au Brésilien, comme pour obtenir de retenter sa chance. Pas d'agressivité apparente, pas de geste d'humeur. Mais une gêne visible de tous. Après quelques secondes de discussion, Neymar, spécialiste de l'exercice, a tiré le penalty et l'a transformé pour donner deux buts d'avance aux Parisiens. Surtout pas un détail. Le « penaltygate » est un tournant dans leur relation. La cassure entre les deux hommes n'intervient qu'à ce moment-là, selon plusieurs proches du groupe. L'un pensait que l'autre prenait son espace. La direction sportive a une théorie : deux joueurs s'annulent quand ils ont un profil similaire et qu'ils veulent jouer dans la même zone. Il faut donc faire un choix. Il est fait très tôt : tout miser sur celui qui peut faire gagner la Ligue des champions au PSG dans l'esprit des dirigeants, à savoir Kylian Mbappé. La direction communiquera sa décision à l'entourage du Français, qui n'aura peut-être même pas eu besoin de réclamer.

Après le match, le Brésilien ira liker plusieurs messages, sur les réseaux sociaux, d'internautes critiquant l'attitude du Français. Un épisode similaire, qui avait vu Neymar valider des critiques à l'encontre de Kylian Mbappé sur les réseaux sociaux, s'était soldé par des regards noirs de Mbappé vers

Neymar à la cantine – des regards qui, selon des témoins, ont électrisé l'atmosphère. Le Français fera sentir son agacement au Brésilien pendant plusieurs jours… Il ne répondra jamais publiquement mais n'en pense pas moins. On ne se cache presque plus. Encore une fois, des attitudes symboliques du malaise ambiant dans le vestiaire… mais aussi des failles dans le management du club. « Quel enfer ! » dira un membre de la direction à la suite de cet épisode du « penaltygate ».

Christophe Galtier n'avait alors pas établi de hiérarchie claire pour les tireurs de penalties, préférant laisser le contexte décider. Un choix qu'il doit encore regretter aujourd'hui. Car ne dit-on pas que les problèmes de vestiaire ne doivent jamais venir contaminer le terrain ?

La promesse faite par la direction à Kylian Mbappé pour qu'il prolonge ne sera finalement tenue qu'un an plus tard, quand Neymar se verra signifier la porte de sortie. Ce sera en Arabie saoudite. Le PSG parviendra même à récupérer 90 millions d'indemnités de transfert de la part d'Al Hilal. Il n'y jouera que sept matchs, encore rattrapé par les blessures (et les révélations sur sa vie extraconjugale dans les médias brésiliens), avant de retourner au pays, à Santos. Une fin presque anonyme pour l'artiste Ney. « La première année a été magnifique, j'ai été très bien accueilli par le peuple et les supporters français », confiera Neymar dans l'émission *Bartoli Time* sur RMC en décembre 2024. « Les deux ou trois dernières années n'ont pas été les mêmes. Ce n'était pas croyable la façon dont j'ai été traité, c'est pareil pour Lionel Messi. Pour moi, il y a eu de l'injustice car je me suis toujours donné à fond sur le terrain. Je n'ai pas de rancœur mais j'ai été un peu triste de la façon dont j'ai été traité par les supporters, notamment quand ils sont venus chez moi, quand ils ont voulu envahir ma maison, m'insulter ou me taper. […] Mais c'est le passé. Je respecte le club du PSG, je vais continuer à les soutenir pour qu'ils aient de bons résultats. J'ai juste un peu de rancœur envers des gens qui managent le club et quelques supporters. »

Neymar pointe du doigt un manque de soutien en interne, y compris quand des supporters parisiens en colère se sont pointés en bas de sa maison de Bougival pour réclamer son départ. La fameuse « armée numérique du PSG », qui a fait l'objet de nombreuses révélations de la presse depuis 2022, aurait-elle été utilisée par le club pour décrédibiliser le Brésilien, quitte à ce qu'il se retrouve pris en grippe ? Les preuves manquent mais les indices peuvent le laisser penser.

Kylian Mbappé a donc la main mais il devra attendre un an avant de voir partir Neymar. Lionel Messi s'en ira lui aussi en 2023. Contrairement à ce que lui avait laissé penser sa direction, le Français ne verra pas débarquer le numéro 9 de classe mondiale qu'il réclamait en 2022 : Robert Lewandowski préfèrera le FC Barcelone. Le champion du monde jugera d'ailleurs le mercato léger après sa prolongation, considérant que les promesses du mois de mai n'ont pas été tenues. Il y avait déjà, dans ce nouveau contrat de la star française, le terreau d'un séisme imminent.

2

Les débuts des ennuis

À quoi tient un malentendu ? À un rien, un tout petit rien. À un chiffre affiché alors qu'il n'est pas tout à fait le bon. Le 21 mai 2022, en marge de la dernière journée de Ligue 1 et du match contre le FC Metz (qui prendra une correction 5-0 dans un Parc des Princes bouillant), Kylian Mbappé s'avance sur le terrain vêtu d'un tee-shirt blanc. Il est accompagné de Nasser Al-Khelaïfi. La nouvelle avait filtré quelques heures plus tôt, révélée en France par RMC Sport et en Italie par Gianluca Di Marzio. Plus besoin d'attendre, donc. Le président du PSG grille la priorité au joueur, s'emparant du micro pour annoncer une très bonne nouvelle : « Kylian va rester avec nous pour trois saisons de plus, jusqu'en 2025. » Le stade explose à coup de « Kylian ! Kylian ! » et de « Puta Madrid ». Paris vient de mettre publiquement une claque au Real. Car cela faisait des mois que la presse espagnole préparait l'arrivée de Kylian

Mbappé. Au sein de la Maison Blanche, il y a d'abord eu beaucoup d'optimisme, Florentino Perez annonçant même, lors de certaines réunions, que le champion du monde allait signer. Puis les dernières semaines avaient fait naître de la fébrilité, au fil des négociations entre le clan du champion du monde et la direction parisienne. Au point qu'on commençait à se dire que le joueur ne viendrait peut-être pas. Dans la foulée de la courte déclaration de son président, Kylian Mbappé prend la parole : « Bonsoir à tous. Je suis très content de continuer l'aventure et de rester en France, ici, dans ma ville. J'ai toujours dit que Paris était ma maison. Et j'espère que je vais continuer à faire ce que j'aime le plus. Jouer au football et gagner des trophées avec vous tous. Donc merci à tous pour cet accueil. » Sa décision, il l'avait confirmée la veille dans les bureaux du club. Les bruits médiatiques avaient poussé Paris à communiquer très rapidement derrière.

Deux + un n'est pas trois

Dans tous les pores de la peau du PSG, de la direction au vestiaire, du staff aux supporters, c'est un sentiment de toute-puissance autant que de bonheur immense. Comme si le club était devenu, en une décision, plus fort que l'autoproclamé plus grand club du monde. Le Real Madrid vit la situation comme un affront. Il aura sa revanche un peu plus tard. Car Nasser Al-Khelaïfi et sa garde rapprochée ont oublié un petit détail. Et « l'erreur » s'affiche en gros sur le flocage du maillot brandi conjointement par Kylian Mbappé et le président parisien : « Mbappé 2025 ». 2025, comme trois saisons de plus. Dans son communiqué, le PSG écrit : « Le Paris Saint-Germain est fier d'annoncer la prolongation du contrat de Kylian Mbappé pour trois saisons supplémentaires. L'attaquant français est désormais lié au club de la capitale jusqu'au 30 juin 2025. »

Ce n'est pourtant pas ce que Kylian Mbappé a signé. Le joueur ne fait d'ailleurs jamais mention de la durée du nouveau contrat dans ses déclarations, ni dans le communiqué parisien, ni sur la pelouse du Parc des Princes. Une façon de ne pas publiquement désavouer son président. Car ce que Nasser Al-Khelaïfi a oublié de préciser, c'est que son attaquant star n'a en fait prolongé que pour deux saisons, soit jusqu'en juin 2024. La troisième année est en option, façon NBA : c'est Kylian Mbappé qui a la main et qui peut décider d'activer une saison de plus pour être lié au PSG jusqu'en 2025. Ou de ne pas l'activer. Dès le départ donc, dès cette prolongation signée en 2022, la direction parisienne a concédé une clause qui a permis au clan Mbappé de prendre la main à moyen terme. Le début d'une flopée d'ennuis qui ne se feront sentir pleinement qu'un an plus tard.

Les prémices étaient apparues un an plus tôt. À l'été 2021, Kylian Mbappé avait été tout proche de rejoindre le Real Madrid, jusque dans les dernières heures du mercato. Faute d'accord entre toutes les parties, et parce que le PSG avait de toute façon décidé de ne pas négocier, les bruissements estivaux avaient abouti à un statu quo. Les supporters parisiens montraient eux déjà quelques signes d'agacement. Le 11 septembre 2021, lors du premier match au Parc des Princes après la fermeture du marché des transferts, l'attaquant parisien subit les sifflets du public. Mais quand il s'agit de terrain, le champion du monde sait rapidement mettre fin au débat. Clermont en a fait les frais, avec un but signé Kylian Mbappé. Lequel réalisera une saison pleine, en termes d'autorité sur le terrain et de statistiques : 39 buts et 26 passes décisives en 46 matchs avec le PSG, chiffres auxquels il faut ajouter ses performances en Coupe du monde. Avec l'équipe de France, il n'est pas passé loin du back-to-back avec une finale perdue douloureusement contre l'Argentine… malgré son triplé, qui avait remis dans le match à lui seul des Bleus complètement à l'agonie. Huit buts et deux passes décisives lors du Mondial au Qatar et l'impression de s'ériger en nouveau meilleur joueur du monde, dans un passage de témoin avec un Lionel Messi qui décrochait enfin son Graal. Tout simplement extraordinaire. Difficile, dans un tel contexte, de rester bloqué sur les soubresauts de l'été, qui contenaient pourtant déjà beaucoup d'indices sur la suite. Mais cette fois, tout semblait oublié grâce à la fin de ce feuilleton – pensaient les naïfs – avec cette prolongation scellée en mai 2022.

À mesure que les détails filtraient concernant son contrat, beaucoup de journalistes et observateurs commençaient à comprendre. Pas la direction du PSG. Tout indiquait pourtant les remous à venir et surtout le choix futur de Kylian Mbappé. Le timing de la fin de saison 2022 avait finalement contraint le joueur. Sans doute trop. Mais son esprit, comme celui de toute l'équipe de France, était bien trop tourné vers cette Coupe du monde au calendrier si particulier, à l'hiver 2022… au Qatar. Difficile de ne pas y voir une conjonction d'intérêts, pour le clan Mbappé et pour les dirigeants qataris du PSG. Avoir dans son équipe l'un des tout meilleurs joueurs du monde à cette époque, alors qu'on organise la plus grande compétition footballistique de la planète… on fait difficilement mieux dans le *story telling*. Souvenons-nous qu'à l'époque, le PSG compte aussi dans ses rangs Neymar et Lionel Messi. Sacré trio pour un club qui n'a toujours pas conquis la Ligue des champions et peine encore à égaler, dans l'esprit des puristes voire même du grand public européen, la grandeur du Real Madrid, de Manchester United (talonné dans les cœurs par une équipe de Manchester City qui a poussé à réévaluer la hiérarchie anglaise), du Bayern Munich ou du FC Barcelone.

Le « contrat du siècle »

En octobre 2022, le « contrat du siècle » filtre. La presse française balance des chiffres astronomiques, que seule l'Arabie saoudite et ses rêves de grandeur viendront challenger un an plus tard pour se bâtir un championnat à coups de stars et de rasades de millions. Il est question de 72 millions d'euros de salaire brut par an, soit six millions d'euros par mois. De quoi laisser au joueur, après impôt, 2,7 millions d'euros net. Ajoutez-y 180 millions d'euros brut de prime à la signature. Payable en trois fois – car même les plus à l'aise financièrement étalent volontiers leurs paiements et surtout parce que les bilans comptables du club devant la DNCG doivent lisser le montant total et le répartir sur plusieurs saisons. Mais la somme qui marque le plus les esprits concerne une « prime de fidélité ». Avec un premier versement immédiat évalué à 70 millions d'euros, un deuxième prévu l'été suivant de 80 millions d'euros, et un troisième – si toutefois le joueur activait son option pour une troisième saison – de 90 millions d'euros au moment des Jeux olympiques 2024. Verser une prime de fidélité n'est pas monnaie courante dans le football, ancien comme moderne, là où les primes à la signature sont devenues habituelles, en cas d'arrivée dans un club sans avoir de contrat ailleurs qui supposerait une indemnité de transfert, ou même en cas de prolongation. Ce contrat est tellement exceptionnel que même dans l'entourage de Kylian Mbappé, on ne pensait pas obtenir autant.

Les esprits les moins capitalistes y verront une indécente avalanche d'argent sur un seul homme. Les plus pragmatiques rappelleront que chacun fait ce qu'il veut de son argent et que le Qatar n'a rien demandé à personne pour financer ce contrat. Et ce n'est pas l'État français qui pourrait trouver à y redire. Sur les dix premières années de l'ère qatarie (2011-2021), le PSG a versé 1,9 milliard d'euros de cotisations sociales et fiscales. Sans compter l'impact positif évalué sur l'attractivité de l'Île-de-France avec, sur une décennie, plus de 182 millions d'euros de retombées selon une étude commandée par le club en 2021 et menée par le Centre de droit et d'économie du sport (CDES). On parle ici d'infrastructures, à l'image du centre d'entraînement de Poissy, mais aussi d'emplois : plus de 2 000 équivalents temps plein, directs ou induits, grâce aux différentes activités du PSG. Un poids économique du club non négligeable. Sur le contrat de Kylian Mbappé, évalué sur trois ans (il n'en fera donc que deux), le fisc pouvait prévoir 90 millions d'euros de rentrée d'argent chaque année. Les organismes sociaux pouvaient eux envisager 80 millions d'euros annuels de cotisations salariales. On est loin de l'optimisation fiscale.

Un pont d'or qui ne suffira pas. Car au-delà de ces sommes négociées et inscrites dans un contrat pour lequel personne n'a mis le couteau sous la gorge de l'autre, Kylian Mbappé et son entourage avaient bien un plan en tête : celui de reprendre la main, de décider de son avenir et de planifier la suite de sa carrière. D'abord à Paris, donc. C'est aussi le sens de l'arrivée de Luis Campos, apprécié pour ses qualités mais aussi pour sa proximité avec l'entourage de la star française. A-t-on la preuve absolue qu'il s'agit d'une condition posée par le joueur pour accepter de prolonger ? Non. Mais tous les indices vont dans ce sens et le PSG avait envie de tout mettre en œuvre pour que sa star soit à l'aise et continue de se projeter à Paris. Reste que Leonardo est érigé en bouc-émissaire d'une situation trouble depuis des mois. Le directeur sportif est remercié dans la foulée de l'annonce de Kylian Mbappé. Luis Campos, proche du buteur et de son entourage depuis l'éclosion de Mbappé à Monaco, ne tardera pas à arriver dans un rôle un peu moins défini. Le Portugais, qui débarque évidemment avec ses idées et ses réseaux, négocie alors un statut d'homme de l'ombre, en tant que conseiller du président Nasser Al-Khelaïfi. Il n'a pas la fonction de directeur sportif mais, on le verra, il en a les responsabilités. Avec les mains libres, plus que Leonardo. Le jeu de dominos continue avec un changement d'entraîneur : exit l'Argentin Mauricio Pochettino, ce sera Christophe Galtier. Un choix surprenant, malgré sa réussite à Lille notamment, mais qui a le mérite de ne pas faire d'ombre, ni aux joueurs stars, ni à Luis Campos (qu'il connaît par cœur pour avoir travaillé avec lui au LOSC), ni aux dirigeants. En attendant « mieux », cela fera l'affaire. Une prolongation escortée de multiples remous, donc. Et pourtant là encore, cela ne suffira pas.

Chez les Mbappé, on ne vit pas au jour le jour, on aime prévoir. Le 13 juin 2023, dans un communiqué transmis à l'Agence France Presse (AFP), Kylian Mbappé assure avoir prévenu le PSG de son intention de ne pas activer la troisième année en option prévue dans son contrat… signé quelques semaines plus tôt. Le joueur assure que « la direction du club en charge de sa prolongation » a été informée « dès le 15 juillet 2022 de sa décision » de ne pas aller au-delà de 2024. « Le courrier avait pour seul objectif de confirmer ce qui avait déjà été précisé oralement au préalable. » Nous entrerons dans les détails de la procédure un peu plus tard.

La saison 2022-2023, la première du nouveau contrat de Kylian Mbappé, n'a pas été sa plus flamboyante. Loin de là. Sous l'égide de Christophe Galtier, que beaucoup considéraient dès le départ comme une erreur de casting dans un club trop grand pour lui, le PSG est certes champion de France. Mais l'équipe garde deux huitièmes de finale en travers de la gorge. D'abord en Coupe de

France, avec une défaite face à l'Olympique de Marseille dans une rivalité qu'on pensait pourtant définitivement pliée (c'est Toulouse qui remportera finalement le trophée, au terme d'une étonnante finale contre le FC Nantes). Pour la deuxième édition de suite, Paris laisse échapper le sacre. Il y aura surtout la Ligue des champions. Le PSG termine seulement deuxième de sa poule derrière Benfica, à égalité de points : les deux équipes seront départagées… grâce au septième critère prévu par l'UEFA, à savoir le nombre de buts inscrits à l'extérieur. Tout sauf un détail. Car pendant que les Lisboètes se baladeront contre le Club Bruges, les Parisiens hériteront du Bayern Munich. Ils ne marqueront pas un seul but, en encaisseront trois en deux confrontations. Nouvelle claque européenne. Et pour couronner le tout, c'est Manchester City qui décrochera la timbale, la première Ligue des champions dans l'histoire du club. Répétons-le, le football est une affaire politique. Et le Qatar y voit deux choses : un rival régional – les Émirats arabes unis – triomphant avant eux ; le signe que leur stratégie de strass, de paillettes et de primauté du marketing sur le sportif a ses limites.

Les papiers du divorce

Voici le contexte lorsque Mbappé envoie son courrier, à l'issue de la saison 2022-2023, pour confirmer au PSG son intention de ne pas activer la troisième année en option qui le lierait au club jusqu'en 2025. L'attaquant français partira donc libre à l'été 2024. Pas avant. Pas après. À ce moment précis, le clan Mbappé réaffirme l'intention du joueur de « rester parisien » pour la saison qui se profile. Pour la direction du club, c'est un affront : non seulement on considère avoir accordé tout ce qu'il était possible de faire pour Kylian Mbappé et son entourage, mais on a conscience de passer pour des pigeons. Car médiatiquement, toute la communication du PSG tourne, depuis un an et cette signature de prolongation, autour d'un contrat verrouillé jusqu'en 2025. Le coup est rude. L'orgueil est touché. Au point de considérer que le champion du monde 2018 et ses proches ont déclenché la guerre.

« Je veux juste me souvenir des belles choses. Bien sûr ce n'était pas une situation facile, je ne souhaite à personne de vivre ça », confiera un an plus tard Kylian Mbappé à CNN. Car le PSG n'est pas un club comme les autres. Attaquer le club de la capitale, c'est un peu attaquer le Qatar. Si vous êtes avec eux, ils vous donneront tout et le joueur, comme d'autres, en a largement bénéficié. Si vous êtes contre eux, préparez-vous à des tempêtes. Vexé, furieux, hors de lui, le PSG a réagi en assumant les retentissements que provoqueraient ces choix de communication. Comme un enfant gâté qu'on prive de son jouet, diront certains *haters*. À juste titre, trancheront d'autres. La réalité est plus complexe, si l'on se penche sur les documents légaux, comme nous le verrons plus loin.

C'est toute la préparation du PSG qui va s'en trouver bouleversée. La tournée en Asie, qui a aussi pour objectif de communiquer dans des zones où le football est en plein développement et qui voient moins passer les stars venues d'Europe, se fera donc sans Kylian Mbappé. Tout sauf anodin : le club se prive alors de sa principale tête de gondole. Qu'importe. Il faut marquer le coup. Le Français ne disputera même qu'un bout de match de préparation : face au Havre en juillet… d'abord en tant que remplaçant puis buteur après son entrée en jeu (son premier match avec Ethan, son cadet). On se dit alors que le message est passé et que l'amoureux du terrain qu'est Kylian Mbappé a compris. Mais le coup de grâce, c'est l'absence de la star pour la première journée de Ligue 1. Le 12 août 2023, il ne figure pas sur la feuille de match contre Lorient. Un signe de la prise de pouvoir progressive de Luis Enrique au sein du club ? Plutôt un choix dicté. Il ne s'en cache presque pas. « Par le passé, une solution positive avait été trouvée entre le club et le joueur. J'espère qu'il y aura un accord », soufflait même l'entraîneur espagnol dans le point presse d'avant-match. « C'est quelque chose que j'aimerais beaucoup. » Mais déjà le message a évolué, bien qu'il assure que

« la philosophie du club n'a pas changé » : « L'institution est au-dessus de tout, des joueurs, de l'entraîneur. » Et l'on comprend alors que la non-activation par Kylian Mbappé de la clause prévoyant une saison supplémentaire est en train de servir d'électrochoc en interne.

La preuve en est : Kylian Mbappé n'est pas le seul absent de marque. Ni Neymar, ni Marco Verratti ne sont dans le groupe pour ce premier match de championnat de la saison. La communication du PSG a préféré ménager les egos des deux joueurs, prétextant un « syndrome viral » (excuse souvent brandie quand le club ne veut pas se justifier). Le club aurait-il décidé de changer profondément, en abandonnant sa politique de stars au profit d'un projet sportif plus cohérent ? On dirait bien. La suite le prouvera.

Ce PSG-Lorient ne donne pas raison tout de suite à la direction parisienne. Le match se conclut sur un bien triste 0-0 qui ne doit pas tant déplaire que ça à Kylian Mbappé. Pour le déplacement à Toulouse, il faut déjà réagir. En interne, tout le monde s'accorde à dire que la situation ne peut pas continuer comme ça. Luis Enrique et son staff considèrent par ailleurs que le mercato étant terminé, Kylian Mbappé étant toujours un joueur du PSG, il faudrait être fou pour s'en priver. Une transition pour l'après, oui, se saborder dès le début de la saison, non. Fin de la mascarade pour le déplacement à Toulouse. Le buteur français est dans le groupe et s'apprête à jouer son premier match officiel depuis deux mois, date de sa dernière rencontre avec l'équipe de France. Sans lui et sans la recrue phare de l'été Ousmane Dembélé, la première période face au TFC est bien triste : 80 % de possession certes, mais seulement deux petits tirs cadrés. L'entrée en jeu du nouveau duo offensif parisien fera mouche. Dès la 51e minute et les premiers pas de Mbappé sur le pré, les Parisiens changent de visage. Il obtiendra un penalty qu'il transformera. Cela ne suffira pas à éviter le match nul 1-1. Mais la flamme parisienne aura été ravivée en quelques minutes seulement.

Le mal est fait. Des deux côtés. Et plus rien ne sera pareil. L'électrochoc provoqué par la décision du buteur français a permis au PSG d'enclencher une nouvelle étape de son projet… ou plutôt carrément un nouveau projet. Et Kylian Mbappé n'en est pas l'épicentre. Il en est même devenu un satellite dont la trajectoire s'éloigne de plus en plus du noyau dur parisien, sans que ce dernier en soit véritablement impacté.

C'est dans ces semaines estivales troublées que le management de Luis Enrique au PSG s'est forgé. À la racine donc, puisque le technicien espagnol est arrivé à l'été 2023 au club. La star Mbappé laisse deviner son départ futur en reprenant sa liberté – contractuelle et symbolique – quand le manager des Asturies s'engage à Paris.

Il a tout de suite devant lui un boulevard et il saura parfaitement l'exploiter. Au-delà même des principes de jeu qu'il compte mettre en place, Luis Enrique a bondi sur l'occasion pour affirmer son autorité. C'est donc lui, le principal décideur sur le volet sportif. La mise à l'écart du joueur français s'est certes faite, au départ, sous l'impulsion du président du PSG. Mais celui-ci a bien compris qu'il avait recruté, avec l'entraîneur espagnol, un atout-maître qui pourrait avoir la force de caractère, le talent et le savoir-faire capables de mener le club au sommet… à condition de ne pas trop empiéter sur ses platebandes. Le respect est profond entre les deux hommes, la confiance aussi. Mais chacun restera à sa place. Un changement drastique de philosophie dont les racines se situent dans cet été charnière 2023, avec le départ de Neymar et la mise au point – douloureuse – de Kylian Mbappé. Tout le monde y voit plus clair. Et ce nouveau fonctionnement sur lequel nous nous pencherons un deuxième temps trouve en partie racine dans le psychodrame Mbappé.

Un joueur comme un autre et l'épisode lunaire de Monaco

Luis Enrique va appliquer à la lettre ses principes. Sans éprouver la nécessité de toujours justifier ses choix. Alors même si Kylian Mbappé a retrouvé le groupe parisien dès la deuxième journée de championnat, il ne sera jamais le juge de paix face à l'Espagnol. Lequel a en tête de préparer son effectif à l'après-Mbappé. Luis Enrique y voit d'ailleurs une aubaine : le départ du champion du monde signera définitivement la fin de l'ère strass, paillettes et starlettes, pour le début du renouveau collectif et d'une cohérence sportive jamais vue sous la direction qatarie. Tout au long de cette saison 2023-2024, l'ancien coach du Barça va donc manager Kylian Mbappé comme n'importe quel autre joueur. Il ne se passera pas de ses performances et de son impact offensif. Mais il le fera jouer comme il l'entend, selon des principes collectifs, tantôt sur l'aile gauche mais de plus en plus en numéro 9, poste qu'il juge le plus approprié à ses qualités face au but… et à ses efforts défensifs insuffisants. Car l'apport collectif d'un joueur compte plus que ses performances individuelles aux yeux de Luis Enrique. Il ne faut pas oublier l'importance de l'école barcelonaise dans sa carrière de joueur puis d'entraîneur. Alors tout Kylian Mbappé qu'il est, il ne sera jamais la priorité de son coach. Quitte à l'écarter régulièrement de ses plans, surtout en deuxième partie de saison.

Kylian Mbappé ne termine désormais pas tous les matchs de son équipe, sans que le problème ne soit sportif. Si son entraîneur le juge nécessaire, il sortira le joueur qui ne le satisfait pas, même s'il s'appelle Mbappé. « Tôt ou tard, cela va arriver et il faudra qu'on s'habitue à jouer sans Kylian », avait justifié Luis Enrique en février 2024, après un match nul du PSG contre le Stade Rennais (1-1) durant lequel l'attaquant français était sorti à la 65e minute. Le joueur ne l'accepte pas, même s'il s'en cache bien publiquement.

Sa frustration finit par exploser à Monaco, début mars, dans un enchaînement de scènes plus improbables les unes que les autres. À la mi-temps, Luis Enrique annonce à Kylian Mbappé qu'il est remplacé par Randal Kolo Muani, devant des coéquipiers médusés. Pas de pépin physique à l'horizon, juste un choix tactique. Le champion du monde 2018 ne bronche pas… mais il bouillonne à l'intérieur. Après s'être changé, le champion du monde se balade dans les travées d'un stade Louis-II qu'il connaît par cœur et qui l'a vu grandir. Sous l'œil des caméras – et personne ne croira à la thèse du hasard –, il croise une connaissance dans le couloir. Il lui assure que « ça va », stoppant net toute hypothèse de blessure. Il est tout sourire, particulièrement détendu, passe même un coup de fil. C'est Achraf Hakimi, un de ses meilleurs amis dans le vestiaire parisien, qui récupère le brassard. Kylian Mbappé ne rejoint finalement pas ses coéquipiers sur le banc. À la place – et gardez bien en tête que tout est filmé et analysé, il ne le sait que trop –, il passe devant le parcage parisien, prend le temps de saluer des supporters et tape sa meilleure pose pour quelques selfies. Puis il monte dans la tribune des officiels et prend place aux côtés de sa mère, Fayza Lamari. Tout se déroule pendant le match. Un comportement qu'aucun autre joueur ne se serait permis d'avoir. Mais il est convenu, au Paris Saint-Germain, que Kylian, c'est Kylian. Comprenez par-là qu'il peut faire ce que personne d'autre ne pourrait se permettre de faire.

Deux rangs plus bas se trouve Pascal Ferré, directeur de la communication du PSG. Son visage témoigne de la teneur des propos qu'il a pu entendre et qui ne sont pas particulièrement aimables à l'égard d'un club qui, selon le clan Mbappé, a décidé du jour au lendemain de faire d'une star mondiale du football un joueur lambda. Au coup de sifflet final (sur un 0-0), le Français rejoint le reste du groupe sur la pelouse, en courant. Comme pour prouver qu'il n'était pas touché physiquement. En conférence de presse, Luis Enrique ironise sur les questions des journalistes, pour la plupart tournées vers ces scènes ahurissantes. Il réitère son « tôt ou tard, il faudra qu'on s'habitue à jouer sans Kylian ». Il ne se justifiera pas, assurant vouloir penser à ce qui est « le mieux pour l'équipe », précisant simplement qu'il n'y a « aucun problème ».

Mais le pouvoir de l'image en dit long et Kylian Mbappé a réalisé, à l'hiver, qu'il avait perdu de son influence au sein du club. Il le sait, le nouvel homme fort se nomme Luis Enrique. Entre les deux hommes, la relation s'est distendue. Le sparadrap mis en place depuis des mois ne sert plus à grand-chose. Le processus de cicatrisation est bien avancé et la plaie est en passe de se refermer. Comme si on venait d'effacer un tatouage un peu trop encombrant, qu'on a adoré autrefois mais qu'on ne veut plus voir sur sa peau. Tout trouve pourtant racine ailleurs : car si la direction du PSG a décidé de donner plus de place à Luis Enrique sur le sportif, c'est surtout parce que Kylian Mbappé a acté un divorce qui va laisser des traces indélébiles.

3

PSG/Mbappé, la rupture

Enlevez un sparadrap doucement et vous allongerez la durée de la douleur, enlevez-le d'un coup sec et cette douleur sera certes brève mais intense. Entre Kylian Mbappé et le PSG, on n'a pas vraiment choisi. Nous sommes le 15 février 2024 quand RMC Sport révèle l'information : deux jours plus tôt, le 13 février, l'attaquant français a annoncé son départ du PSG à l'issue de la saison à son président Nasser Al-Khelaïfi. Sur ce point, il a tenu sa promesse : le champion du monde a toujours assuré qu'il réserverait la primeur de sa décision au dirigeant du PSG. La réunion a eu lieu au Campus PSG, dans une ambiance glaciale. Elle n'a pas duré très longtemps, à tel point que les deux protagonistes n'ont même pas eu le temps de s'asseoir, et a surtout ressemblé à un couperet qui tombe. Mbappé, de manière très directe, a expliqué à son futur ex-président qu'il partirait à la fin de la saison en cours. Nasser Al-Khelaïfi voit rouge. Le dirigeant, si calme et si posé en public habituellement, entre dans une colère froide. Son visage change, sa mâchoire se serre comme quand il est énervé. Certains salariés ne connaissent que trop bien ce rictus… Même s'il s'était préparé à cette issue à force de voir sa star repousser son annonce, le Qatari s'accrochait toujours à la promesse de prolongation arrachée selon lui à Kylian Mbappé le 12 août 2023. Les deux parties conviennent alors de ne rien sortir dans la presse. La priorité, à ce moment-là, est de protéger le club, toujours en lice en Ligue des champions.

L'information avait commencé à s'ébruiter le soir du 14 février, une drôle de Saint-Valentin pour la direction parisienne, mais surtout la date du huitième de finale aller de Coupe d'Europe contre la Real Sociedad. Mbappé, qui avait donc scellé son avenir la veille en privé auprès de son président, ouvre le score (le PSG gagnera 2-0). Il affiche un large sourire tout au long de la soirée, dont la teneur aurait été toute autre si l'information de son départ prochain était véritablement sortie avant le coup d'envoi. Le Parc des Princes scande son nom mais en coulisses, dans son entourage – présent en loge –, on ne parle que de cette fuite médiatique et du fait que RMC Sport soit au courant. Il y a de la crainte, celle de ne pas maîtriser la communication autour de cette information cruciale. Il y a surtout de la colère à l'idée que ce divorce, désormais acté, soit connu d'un média. C'est pourtant bien l'une des deux parties qui a laissé fuiter l'information. À quelle fin ? Cela reste, aujourd'hui encore, un mystère : voir cette information sortir aussi vite et sans communication commune mise en place n'arrangeait personne.

Kylian Mbappé aura tout de même pu savourer sa soirée, la dernière dans la peau d'un joueur qui pourrait potentiellement prolonger. Après cela, la relation avec les supporters ne sera plus jamais la même. Avec le club non plus. Les relations étaient devenues froides mais elles restaient jusque-là cordiales. Avec cette annonce, elles tournent à la guerre. En coulisses bien sûr, pas en public, où chacun oscille entre discrétion et sang-froid apparent. Nasser Al-Khelaïfi se sent trahi. Les deux camps se rejettent la responsabilité de la fuite dans la presse qui, quelle qu'en soit l'origine, donne le coup d'envoi d'une croisade médiatique qui va durer jusqu'à la fin de la saison. Voire au-delà, sous une autre forme. Avec, à la manœuvre, les hommes de l'ombre : d'un côté, David Sugden, avocat, proche de Nasser Al-Khelaïfi, qu'il défend comme un membre de sa famille ; de l'autre, l'ancien journaliste de *L'Équipe* Bilel Ghazi, proche du camp Mbappé, en lien avec Fayza Lamari, qui veut éviter l'escalade. Car le joueur a une saison à terminer et, à ce moment précis, une Ligue des champions à tenter d'aller chercher.

Du côté de la direction parisienne on explique, toujours en off et après une réunion de crise, que l'officialisation de l'annonce du départ de Kylian Mbappé sera faite conjointement dans les prochains mois. Mais cette décision inaugure une drôle de période. Pour le joueur d'abord, qui assure vouloir terminer du mieux possible avec Paris, partir la tête haute avec le sentiment du devoir accompli. Pour le club aussi, qui va devoir digérer un sentiment de trahison en se projetant sur un nouveau projet qu'il n'avait, au départ, pas envisagé.

L'annonce faite au président Nasser Al-Khelaïfi vient mettre fin à des mois de rumeurs et tractations. À ce moment-là, en février 2024, l'issue de la relation entre Kylian Mbappé et le PSG ne faisait guère de doute, même si certains avaient espoir de voir le joueur lever son option pour rempiler une saison de plus. Serait-il resté à Paris à l'été 2024 s'il avait activé son option ? Rien ne le dit. Mais le PSG aurait pu tenter d'arracher une indemnité de transfert en cas de départ. Au club, on aurait en tout cas jugé ça plus classe. Même si la déclaration du joueur en zone mixte le 3 janvier, après le Trophée des champions, laisse croire au club comme au public que tout se fera dans le respect de l'institution : « Avec l'accord que j'ai passé avec le président cet été, peu importe ma décision, on a réussi à protéger l'ensemble des parties, à préserver la sérénité du club pour les défis à venir, c'est le plus important. » Sur quelle base juridique ? Rien n'a été éclairci depuis des mois. Et entre février et l'annonce officielle de Kylian

Mbappé trois mois plus tard, le statu quo financier comme contractuel ne parviendra pas à évacuer le brouillard autour du divorce annoncé entre les parties. Ce soir-là, l'initiative de cette prise de parole venait de Nasser Al-Khelaïfi. C'est le président du PSG qui a tenu à ce que son joueur vedette s'exprime. But espéré de la manœuvre : que le Français annonce qu'il allait bien lever l'option pour faire une année de contrat supplémentaire ou qu'il acte publiquement qu'il avait décidé de rejoindre le Real Madrid dès l'été suivant. Bref, qu'il clarifie sa situation et l'assume. Les mots choisis par le buteur entretiennent le flou, même s'il ne fait guère de doute que son départ est pour dans quelques mois.

Reste l'aspect sportif. Au moment de la discussion entre la star et son dirigeant, le PSG est déjà largement en tête de la Ligue 1 : 11 points d'avance sur son premier poursuivant et le sentiment qu'une nouvelle routine s'installe en championnat. Le match d'après, les Parisiens s'imposent 2-0 à la Beaujoire face au FC Nantes, avec un but de Kylian Mbappé qui a démarré sur le banc. Mais les trois rencontres suivantes seront moins flamboyantes : trois matchs nuls, face à Rennes (1-1), à Monaco (0-0) puis contre Reims (2-2). Au-delà de l'aspect comptable, le champion du monde 2018 a compris une chose : son statut a changé et le traitement dont il bénéficiait jusque-là va s'en ressentir. C'était déjà un peu le cas depuis l'été 2023 et cette mise à l'écart en forme de coup de pression pour qu'il prolonge ou concède des efforts financiers. C'est encore plus criant depuis qu'il a annoncé son départ prochain à son président. C'est une étape de plus, on l'a vu, dans la montée en puissance de Luis Enrique qui, surtout pas freiné par sa direction, le met sur le banc quand il le juge nécessaire. Mais au-delà du psychodrame de Monaco et de ces scènes ahurissantes en tribune après son remplacement par Randal Kolo Muani, Kylian Mbappé masque mal une certaine souffrance. On le voit notamment arriver le visage bien plus fermé que d'habitude à La Beaujoire, comme s'il ne parvenait pas à cacher son mécontentement face à un contexte qui ne lui est plus favorable.

Côté terrain, les têtes sont intégralement tournées vers la Ligue des champions. En huitième de finale, Paris a hérité d'un adversaire largement à sa portée avec la Real Sociedad. Le travail est fait : 2-0 au match aller, 2-1 au retour. Mission accomplie. Buteur à l'aller, Kylian Mbappé inscrit un doublé au retour. À ceux qui le croyaient perturbé, le Français répond encore par les statistiques. Comme si rien ne pouvait l'atteindre. En privé pourtant, le joueur doit affronter des tensions et une couverture médiatique auxquelles peu de gamins de 25 ans sont confrontés dans leur vie de joueur. Car oui, rappelons-le, on est encore un gamin à 25 ans, même si Mbappé a grandi beaucoup plus vite que la moyenne. Chacun attend une petite phrase sur son départ futur, qu'il n'a pas encore annoncé officiellement, ou sur Nasser Al-Khelaïfi. Chacun de ses mots est scruté, analysé à l'extrême. Lui se concentre sur le football. C'est ce qu'il fait de mieux.

Un gros morceau se présente à lui et à ses coéquipiers : le FC Barcelone en quart de finale de la Ligue des champions. Ce Barça de Xavi est en pleine reconstruction, avec des jeunes prometteurs qui montreront toute l'étendue de leur talent quelques mois plus tard sous la direction d'un autre entraîneur, Hansi Flick. Mais il reste aussi dangereux qu'imprévisible. Il y a trop d'histoire entre Paris et Barcelone pour que ce match soit banal. Au-delà de l'affrontement entre Luis Enrique et son compatriote, qu'il a dirigé comme joueur au moment de son départ de Catalogne en 2015 (année de la dernière Ligue des champions remportée par le Barça), il y a l'historique récent entre les deux équipes. Personne n'a oublié 2017 et la mythique remontada barcelonaise face au PSG d'Unai Emery en huitième de finale. Battu 4-0, le Barça l'avait emporté 6-1 lors du retour au Camp Nou. Sur le banc, un certain Luis Enrique. Il a depuis changé de zone technique. Il y aura eu 2021 et ce huitième de finale gagné par les Parisiens, avec un triplé de Kylian Mbappé pour un splendide 4-1 en Espagne (1-1 au retour). Mais un PSG-Barça, ça reste spécial. Au match aller au Parc des Princes, Paris parvient à mener 2-1 grâce à des buts d'Ousmane Dembélé et Raphinha… mais s'inclinera finalement 3-2. Tout se joue le 16 avril 2024, en Catalogne. Le début de match est compliqué pour les joueurs de Luis Enrique, menés 1-0 après l'ouverture du score de Raphinha. Il faudra finalement un carton rouge de Ronald Araujo à la demi-heure de jeu pour simplifier la tâche des Parisiens. Ousmane Dembélé et Vitinha mettent le PSG devant. Mais c'est bien Kylian Mbappé qui offrira la qualification pour le dernier carré en signant un doublé. Rabaissé au rang d'intermittent du spectacle en Ligue 1 par son coach et sa direction, c'est encore et toujours lui qui fait la décision en Ligue des champions.

Le gros raté de Dortmund

Paris est donc en demi-finale de la Ligue des champions. Est-ce la bonne année ? Kylian Mbappé quittera-t-il la capitale sur le trophée convoité par le club durant tant d'années ? Peut-être le pense-t-il au moment de réaliser que l'adversaire lors des deux prochains matchs se nomme le Borussia Dortmund. Tombeur de l'Atlético de Madrid au tour précédent, le club allemand ressemble fort à une opportunité en or pour le PSG. Au club, tout le monde en est convaincu. En face, l'autre demi-finale voit s'affronter le Bayern

Munich et le Real Madrid. Dans le vestiaire, personne n'ignore le départ à venir de Kylian Mbappé. Se dessine alors une union sacrée, comme une mission pour aller au bout et soulever la coupe aux grandes oreilles. Mais le pacte est presque factice, assis sur trop de non-dits dans un vestiaire pas si uni derrière sa star, érigée en capitaine non officiel (il ne porte pas le brassard) d'un bateau avec encore quelques trous dans la coque.

Tout le monde ou presque imagine déjà les Parisiens face à une de ces deux équipes à Wembley, le 1er juin, en finale de la Ligue des champions. De l'assurance, il y en avait. Chez les supporters, les joueurs, les dirigeants. Un peu trop. La prime en cas de qualification était déjà négociée, revue à la hausse par rapport au tour précédent. Dans le vestiaire, on se projette. Certains anticipent déjà le futur adversaire. Ils sont plusieurs à rêver de prendre leur revanche face au Bayern Munich, après la défaite en finale en 2020, période Covid, avec un but de l'ancien Parisien Kingsley Coman. D'autres songent à la bizarrerie d'une possible finale face au Real Madrid pour Kylian Mbappé, dont l'avenir madrilène est déjà tout tracé.

Le 1er mai, au match aller, le PSG s'incline 1-0 en Allemagne. But de Niclas Füllkrug dans un match durant lequel les Parisiens n'auront pas produit grand-chose. Mais l'heure n'est pas à la panique. Un but de retard, ça se remonte. Paris l'a fait face à un morceau d'un tout autre calibre en quart de finale. Rien ne va pourtant tourner comme prévu.

Le 7 mai, au Parc des Princes, le PSG s'incline une nouvelle fois 1-0 face à Dortmund. Un non-match, sans inspiration, pour 180 minutes sans but. Un fiasco. Les Parisiens voudront peut-être retenir qu'ils sont allés jusqu'en demi-finale. On retiendra surtout le manque d'inspiration et de réalisme offensif, une agressivité aux abonnés absents dans les duels et une élimination finalement logique face à un adversaire pourtant largement à la portée du PSG. Il y avait un boulevard pour rejoindre la finale. Paris a de nouveau pris un chemin de traverse devenu impasse. Ce PSG-Dortmund restera donc l'ultime match de Kylian Mbappé avec le maillot du PSG. Et puisque le dernier véritable objectif du club cette saison s'est achevé sur une déception, le joueur n'a plus qu'à lever le voile sur ses intentions.

Le temps de l'annonce officielle

Le 10 mai 2024, en fin d'après-midi, une rumeur se met à circuler : Kylian Mbappé serait sur le point d'annoncer officiellement son départ. Le mystère demeure en revanche entier sur la forme que prendrait cet adieu. Les suiveurs du PSG qui ont activé l'alerte Twitter sur le compte de Kylian Mbappé reçoivent une notification. Un message vient d'être posté. C'est une vidéo. Sur le visuel, on aperçoit le joueur assis, vêtu d'un tee-shirt rouge sur lequel on devine un logo du club. Derrière lui, une bibliothèque. Au-dessus de la vidéo, un mot : MERCI. Deux ronds de couleur, un rouge et un bleu. Un compte est tagué : celui du PSG.

Tout le monde sait de quoi il s'agit. C'est donc ce 10 mai 2024 que Kylian Mbappé annonce officiellement, aux yeux de tous, son départ du Paris Saint-Germain. Comme toujours, le timing ne tient en rien du hasard. Deux jours plus tard, le club parisien dispute son dernier match de championnat à domicile. Il restera bien une finale de Coupe de France à jouer, face à l'Olympique lyonnais. Mais celle-ci se déroulera à Lille et non au Stade de France comme de coutume (les Jeux olympiques troublant un peu l'organisation habituelle des rendez-vous sportifs). Alors c'est maintenant, le bon timing.

Un peu plus de trois minutes pour confirmer, dire au revoir, remercier. Et montrer un peu d'émotion. Enfin. C'est ce qu'il aura tant manqué aux supporters parisiens avec ce joueur si hors normes qu'il en devenait presque robotique. Inhumain. Il ne l'est pas. Certains diront sans doute que son émotion était surjouée. Il a tant habitué le monde entier à sa *poker face*. Elle semble pourtant bien réelle.

« Salut à tous, c'est Kylian. Je voulais m'adresser à vous. J'avais toujours dit que j'allais m'adresser à vous quand le moment serait venu. Je voulais vous dire à tous que c'est ma dernière année au PSG. Je ne vais pas prolonger et je vais terminer mon aventure dans quelques semaines. Je vais jouer mon dernier match au Parc des Princes dimanche. C'est beaucoup d'émotion. Ce sont beaucoup d'années où j'ai eu la chance et l'immense honneur de faire partie du plus grand club de France, l'un des meilleurs du monde, qui m'a permis d'arriver ici, de connaître ma première expérience dans un club avec beaucoup de pression. De grandir comme joueur bien sûr, en côtoyant certains qui étaient les meilleurs de l'histoire, de grands champions, pas mal de gens. De grandir en tant qu'homme aussi avec toute la gloire et les erreurs que j'ai pu faire. Je voudrais remercier tout d'abord mes coéquipiers, l'ensemble des coéquipiers que j'ai eus, l'ensemble des entraîneurs – Unai Emery, Thomas Tuchel, Mauricio Pochettino, Christophe Galtier et Luis Enrique –, les directeurs sportifs Leonardo et Luis Campos de m'avoir toujours accompagné. L'ensemble des gens au club, ceux que les gens ne voient pas, les gens de l'ombre, que ce soit les kinés, les intendants, les gens de la performance, tous les gens dans les bureaux, au Campus, tout le monde. Il y a des personnes qui sont formidables, qui donnent tout pour le club, ils méritent d'avoir cette reconnaissance. Malgré tout ce qu'il peut se passer en dehors, tout ce nuage médiatique qui entoure parfois le club, il y a vraiment des amoureux du club qui veulent le défendre et le faire briller, et ça fait plaisir. Je sais qu'avec toutes ces personnes, ce club est entre de bonnes mains. C'est difficile, très difficile. Je ne pensais pas que ça allait être aussi difficile d'annoncer ça. De quitter mon pays, la France, la Ligue 1, un championnat que j'ai toujours connu. Mais je pense que j'avais besoin de ça, d'un nouveau challenge après sept années. C'est difficile et bien sûr, il y a des gens que j'aimerais remercier par-dessus tout. Ce sont les supporters. Je sais que je ne suis pas le joueur le plus démonstratif. Je n'ai pas toujours été à la hauteur de l'amour que vous m'avez donné pendant sept ans. Mais je n'ai jamais voulu tricher, j'ai toujours voulu être performant. Le PSG, c'est un club qui ne laisse personne indifférent. On peut aimer ou détester. Moi j'ai choisi de l'aimer et je l'ai fait pendant sept ans, avec des hauts et des bas bien sûr mais à aucun moment je ne regrette d'avoir signé dans ce club prestigieux. C'est un club que je vais garder dans ma mémoire toute ma vie. Je dirai à tout le monde, toute ma vie, que j'ai eu la chance de jouer ici. Maintenant je ne serai plus un joueur mais je vais continuer à regarder tous les matchs bien sûr, parce que c'est un club qui m'intéressera toujours, je vais toujours m'intéresser à l'actualité du club. C'était moi, avec mes qualités et mes défauts. Mais j'ai essayé de donner la meilleure version de moi-même pendant ces sept ans. Mais avant tout je veux vous dire merci parce que sans vous, je n'aurais pas pu vivre la moitié de toutes les émotions que j'ai vécues. Juste pour ça, je suis reconnaissant à vie. Merci à tous, j'espère qu'on va finir cette année avec un dernier trophée, on va passer des bons moments pour ce qu'il reste. Sachez que vous resterez dans mon cœur pour la vie. Ici c'est Paris et au revoir. »

Tout est là. Tout Kylian Mbappé dans sa dimension parisienne. D'abord son émotion, signe de son attachement au PSG. Lui le petit de Bondy qui a commencé à grandir pleinement à Monaco avant de changer de dimension à Paris, dans sa région. C'est au PSG qu'il est passé de plus grande promesse du football français à champion du monde, star internationale du football et bien au-delà. Alors n'en déplaise à certains, oui il y avait de l'émotion dans les mots de Kylian Mbappé. On oublie trop souvent l'humain derrière la machine à marquer. Il y a aussi ses mots pour les supporters. Juste après la publication de son annonce sur les réseaux sociaux, le serial buteur s'est rendu au Parc des Princes pour participer au barbecue de fin de saison avec les membres du Collectif Ultras Paris. Un pied de nez pour son président oublié du discours d'adieu. Le message est clair, s'il y a fâcherie, c'est avec NAK mais pas avec les ultras, avec qui lui et son entourage ont su entretenir des liens étroits, comme nous le verrons plus loin. Son arrivée, avec son frère Ethan, a été filmée. Pas le reste. Les mots entre le joueur et les ultras resteront en partie privés. Il y avait sans doute des choses à éclaircir. Il y avait surtout le besoin de se dire au revoir de vive voix, et de se remercier mutuellement. Et fidèle à sa réputation, de rappeler qu'il restait encore un trophée à gagner – la Coupe de France – avant son départ.

Nasser Al-Khelaïfi, le grand oublié du message de Mbappé

Dans la liste de remerciements, Kylian Mbappé cite tous les entraîneurs qu'il a connus au PSG. Unai Emery d'abord, celui qui était présent au moment de son arrivée, quelques mois après une traumatisante mais historique remontada subie contre le Barça en Ligue des champions. Thomas Tuchel, peut-être le coach qui lui aura le plus appris sur le terrain, au-delà même de l'injonction de marquer des buts. Mauricio Pochettino et son management très humain, qui n'aura pas convaincu sportivement mais qui lui aura apporté de l'apaisement. Il en va de même d'un Christophe Galtier pas vraiment taillé pour ce PSG qui avait besoin de changer de dimension dans tous les domaines pour être enfin pleinement considéré sur la scène internationale. Luis Enrique enfin, avec qui les relations auront parfois été difficiles, celui qui l'aura bousculé dans le jeu et dans son caractère, qui aura aussi vu partir le champion du monde… finalement pour le meilleur, comme la suite le montrera. Tous ses coachs, donc. Les gens de l'ombre aussi, qui côtoient et aident les joueurs dans leur quotidien au club.

Mais pas son président Nasser Al-Khelaïfi. Les mois précédents auront été trop houleux, trop difficiles à encaisser pour le joueur. Il ne l'aura pas montré. Il aurait peut-être dû. Les plus observateurs l'avaient sans doute deviné en voyant par exemple, au mois de mai, le joueur éviter soigneusement contrairement à ses coéquipiers d'aller au contact de son président, qui discutait avec Luis Campos, préférant passer derrière eux pour atteindre le terrain d'entraînement. Qui peut toutefois dicter à un être humain la façon de se montrer… justement humain ? Mais cette absence dans sa liste de remerciements, remarquée de tous, dit finalement tout du divorce. Sans surprise, Nasser Al-Khelaïfi n'a que peu goûté le fait de ne pas être mentionné dans la liste des remerciements de l'attaquant français, lui qui a tout donné – sportivement et financièrement – à sa star. Au lendemain de son annonce officielle, Kylian Mbappé a eu un échange pour le moins tendu avec son président. Une information que le club démentira dès sa parution. Chacun croira la version qu'il veut.

L'échange, en tête à tête, aurait eu lieu dans une salle du Parc des Princes, à la veille du dernier match à domicile de la saison. Le dirigeant exigera des excuses. Il ne les obtiendra jamais. Un témoin rapportera au *Parisien* que « les murs ont tremblé ». « Il est navrant de voir de fausses nouvelles circuler. Il n'y a eu aucun différend entre le joueur et le président. Ils se sont régulièrement rencontrés avant les matchs pour finaliser les modalités de départ en fin de saison. Chaque rencontre a été constructive et respectueuse, y compris avant ce match », confiera un porte-parole du PSG à RMC Sport. Un maigre démenti car en coulisses, on parle tout de même d'une « explication ». Les tensions entre les deux camps auront duré jusqu'au bout de l'aventure de Kylian Mbappé à Paris… et bien au-delà, on le verra un peu plus tard. En public, la fraîcheur est palpable. Comme ce 28 mai, en Sardaigne, à l'occasion de la version européenne des Globe Soccer Awards, quand les deux hommes, assis à deux tables de distance, avaient passé leur soirée à soigneusement s'éviter. Le joueur a pourtant bien été récompensé durant cette cérémonie… en tant que représentant du PSG.

Nasser Al-Khelaïfi aura tenté jusqu'au bout de retenir son joueur. Il pensait sincèrement pouvoir retourner la situation et le convaincre de poursuivre au PSG. Au printemps, le dirigeant qatari a même convié Kylian Mbappé à son domicile parisien pour discuter plus calmement. L'attaquant a préféré refuser : cette situation, il l'avait déjà connue deux ans plus tôt. Alors qu'il songeait déjà au Real

Madrid, il avait fini par se laisser convaincre de prolonger.

Les réactions sont nombreuses, dans le milieu du football et bien au-delà. La maire de Paris y va de son tweet, les consultants de tous les médias y vont de leur commentaire. Jérôme Rothen, qui sera ensuite plus critique vis-à-vis du joueur, salue « le plus grand qui a joué au PSG » et demande un hommage ; Rolland Courbis s'étonne du timing de l'annonce, avant même la finale de Ligue des champions du Real Madrid ; Daniel Riolo pointe un « manque de sincérité » dans le message du joueur qu'il perçoit comme un « homme politique ». Tout le monde s'accorde toutefois à saluer le bilan sportif de Kylian Mbappé au PSG, dans ses chiffres et son impact comme… dans cette Ligue des champions qu'il n'a pas pu soulever avec Paris.

La presse européenne – et même au-delà du Vieux Continent – s'emballe. L'annonce de Kylian Mbappé a un retentissement auquel peu de joueurs de football auraient pu prétendre. Il n'y a bien que Lionel Messi et Cristiano Ronaldo pour garder de l'avance sur l'attaquant français, qui n'a plus grand-chose de « Kyky de Bondy » médiatiquement. Angleterre, Allemagne, Italie, États-Unis, Brésil… partout le visage du joueur s'affiche sur les sites d'informations sportives et généralistes. Et que dire de la presse espagnole, qui en fait alors son sujet principal. Car dès cette annonce, les journalistes se projettent. Personne ne doute de la prochaine destination de Kylian Mbappé. Ce sera le Real Madrid, rien d'autre. Il en a trop parlé, il en a trop rêvé. Lui, le petit joueur en herbe qui affichait des posters de la Maison Blanche sur ses murs, va enfin pouvoir réaliser son rêve. Peut-être au fond aurait-il voulu partir un an plus tôt. Peut-être se dit-il qu'il n'aurait pas dû prolonger à Paris en 2022 pour partir tout de suite à Madrid. « C'était plus simple de rester au PSG », confiera-t-il à CNN quelques semaines plus tard. « C'était la Coupe du monde au Qatar aussi. Il y avait beaucoup de choses autour de ça. C'était une décision importante, une décision difficile. Mais je ne regrette rien. »

La drôle de der'

Arrive donc la dernière au Parc des Princes. Dimanche 12 mai 2024, 21 heures. Le PSG reçoit Toulouse pour la 33e journée de Ligue 1. Tout est spécial, mais en même temps rien ne change. Une drôle de dernière dans son jardin pour Kylian Mbappé. L'attaquant est titulaire. Luis Enrique aurait pu une dernière fois vouloir montrer son autorité, lui qui prépare depuis des mois l'après. Cela aurait sans doute été déplacé. Le club avait prévu des festivités au stade à l'occasion de la dernière de la saison à domicile… pour fêter le titre de champion de France. Pas tellement pour Mbappé. En interne, on invoque le manque de temps, un planning trop serré. Personne n'y croit réellement. La fin d'aventure du joueur à Paris n'y est pas pour rien, particulièrement la fraîcheur (pas loin de la Sibérie ou du Groenland) de ses relations avec le président Nasser Al-Khelaïfi.

Kylian Mbappé est arrivé au stade dans la tenue grise du club parisien. Son visage ne laissait aucunement transparaître une émotion intérieure qu'on imagine aisément. Impassible, comme souvent. Ce qui lui sera reproché, une fois de plus. Il avait pourtant été très contrarié en apprenant, quelques heures plus tôt, que Luis Enrique avait décidé de ne pas convoquer son petit frère, Ethan. Qui a décidé d'écarter le cadet ? Est-ce un ordre de Nasser Al-Khelaïfi ? Difficile à dire. L'entraîneur espagnol n'a pas pour habitude de justifier ses choix, il ne le fera pas non plus pour ce match. Dans le vestiaire, Kylian Mbappé découvre son frère en pleurs. Était-ce la raison précise du clash entre le joueur et son président ? Là encore, le doute ne sera pas levé. Mais le timing, entre l'annonce du départ du buteur et son dernier match au Parc des Princes, peut le laisser penser. D'autant que le sujet Ethan est très sensible chez le champion du monde, très attaché à son frère, qu'il a beaucoup cherché à protéger de ses tracas parisiens. Finalement, celui qui n'est pas encore majeur ne va pas signer son premier contrat professionnel dans son club de cœur. À Paris, on se préoccupe si peu du cadet sur la fin de son aventure que le club ne recevra même pas d'indemnité de formation de la part du LOSC en raison d'un oubli administratif.

Première annonce de la composition d'équipe : des sifflets descendent des tribunes, particulièrement du virage Auteuil, au moment de la mention du joueur. Comme un malaise. Des huées, il y en aura beaucoup moins au moment de la deuxième annonce de la compo par le speaker du Parc des Princes, Michel Montana. Au sein du Collectif Ultras Paris, les dernières semaines ont été marquées par des débats en interne sur le fait de préparer ou non un hommage spécial à Kylian Mbappé, dont personne ne doutait du départ. Mais la raison l'a emporté : un hommage tout de même, presque discret, et qui, nous le verrons dans la deuxième partie, n'aura pas fait l'unanimité au sein du CUP.

Son entrée sur le terrain se fera avec plusieurs enfants à ses côtés, tous vêtus d'un maillot floqué Mbappé. Sur le visage du joueur, un sourire mais surtout de la concentration. Capitaine pour sa dernière, il n'aura eu besoin que de huit minutes pour marquer. Et comme s'il fallait de nouveau rappeler que cette soirée si spéciale était emplie de sentiments ambivalents, l'assistance vidéo s'en est mêlée. Mais le VAR a confirmé qu'il n'y avait pas hors-jeu. Ouverture du score de Kylian

Mbappé, son 27e but de la saison en Ligue 1, son 44e toutes compétitions confondues. Son dernier but dans le championnat de France. Son dernier tout court dans la peau d'un joueur du PSG. Presque gâché par la défaite parisienne 3-1 qui rendra fou de rage Luis Enrique. À la fin du match, rien de spécial. Un match normal, une journée normale ou presque. Le joueur n'a pas insisté, les supporters non plus. Drôle de façon tout de même de dire au revoir à un joueur champion du monde, qui aura passé sept ans au club, marqué 256 buts toutes compétitions confondues (191 en Ligue 1, 48 en Ligue des champions, 37 en Coupe de France, 5 en Coupe de la Ligue, 2 en Trophée des champions) pour devenir le meilleur buteur de l'histoire du club, délivré 108 passes décisives (deuxième de l'histoire parisienne) en 308 matchs. 15 trophées à la clé (7 fois champion de France, 4 fois vainqueur de la Coupe de France, 3 Trophées des champions, 2 Coupes de la Ligue). Le temps fera sans doute son œuvre pour effacer les plaies récentes. Au moment de son départ, elles sont béantes. Et tout le monde, y compris Kylian Mbappé lui-même, a envie de passer à autre chose.

4

Les modalités du divorce et le conflit judiciaire

Depuis le départ de Kylian Mbappé à l'été 2024, la tension avec la direction du PSG n'est jamais retombée. Elle a surtout pris un tournant judiciaire à coups de lettres et communiqués défendant les versions de chacune des parties, sans qu'aucun contrat commun signé par le club et le joueur ne vienne apporter une vérité irréfutable aux yeux de tous.

Juillet 2022 : la première cartouche

Dans une lettre recommandée adressée directement à Nasser Al-Khelaïfi, Kylian Mbappé met les choses au clair : non, il n'activera pas l'option qui, dans son contrat, prévoit la possibilité d'effectuer une année de plus au PSG. Voici le courrier adressé par le joueur :

« Paris, le 15/07/2022
Objet : Contrat de travail

Monsieur le Président,

Le 21 mai 2022, j'ai signé avec le club du Paris Saint-Germain, dont vous êtes le président, un contrat de travail à durée déterminée courant du 1er juillet 2022 au 30 juin 2024, soit pour deux (2) saisons sportives (ci-après le Contrat).

Aux termes de l'article 1.b) du Contrat, le Paris Saint-Germain a manifesté sa volonté de prolonger le Contrat d'une saison sportive supplémentaire, soit du 1er juillet 2024 au 30 juin 2025, aux termes d'une promesse de contrat de travail. Cette promesse est valable jusqu'au 31 juillet 2023 inclus.

Je vous informe par la présente que je ne souhaite pas accepter cette promesse de contrat de travail. En conséquence, le Contrat arrivera à échéance le 30 juin 2024, soit à l'issue de la saison sportive 2023/2024, conformément à l'article 1.a) du Contrat.

Je vous prie de croire, Monsieur le Président, à l'expression de mes sentiments respectueux.

Kylian Mbappé Lottin. »

Ce courrier, tapé sur ordinateur, comporte deux mentions manuscrites ajoutées par le joueur : sa signature mais surtout la date, le 15 juillet 2022…

soit moins de deux mois après la signature de sa prolongation. Il n'y avait pourtant pas lieu de se précipiter puisque comme le buteur français le souligne lui-même, il avait jusqu'à juillet de l'année suivante pour trancher. Le timing a donc de quoi interroger.

Impossible de se mettre dans la tête de Kylian Mbappé et de son entourage, même si certaines hypothèses sont plausibles. La première irait dans le sens d'une action préméditée dès le départ : le joueur et ses proches ont-ils eu l'intention, dès la signature de la prolongation, de ne rester que deux ans pour avoir la main et partir sans indemnité de transfert à l'été 2024 ? C'est possible. Après tout, un mouvement se dessine en Europe vers une reprise en main des joueurs sur leurs contrats. Si quelques années plus tôt il semblait inconcevable de partir libre, sans avoir prolongé, et donc sans indemnité de transfert à la clé, certains comme Trent Alexander-Arnold (qui a quitté Liverpool pour le Real Madrid), Adrien Rabiot (du PSG à la Juve), Ilkay Gundogan (de Manchester City au Barça) ou Paulo Dybala (de la Juve à l'AS Rome) font le choix délibéré d'aller au bout de leur contrat et d'avoir l'entière latitude du choix de leur destination suivante. Sans avoir de comptes à rendre. Et souvent en empochant une confortable prime à la signature. Ce n'est pas encore une norme mais l'idée fait son chemin, y compris chez des joueurs d'une envergure moindre. Kylian Mbappé a-t-il dès le départ planifié ce scénario ? Rien ne permet de trancher.

Une autre hypothèse serait d'imaginer que selon le joueur, un point de non-retour avait été atteint, le dissuadant de rester une saison de plus. Si le courrier est daté du 15 juillet 2022, le Paris Saint-Germain affirme ne l'avoir reçu qu'en 2023. Ce qui pourrait signifier que Kylian Mbappé gardait ce courrier en réserve au cas où les choses tourneraient mal, de son point de vue. Ou du moins pas dans le sens qu'il souhaitait. Outre certaines déceptions concernant le mercato, le champion du monde a sans doute pris en compte les résultats sportifs et collectifs de son équipe. Il s'est peut-être aussi senti trop mis sous pression contractuellement. Ce que tendent à montrer la défense choisie par ses avocats et sa plainte pour harcèlement moral envers le PSG, déposée en mai 2025, retirée par la suite et sur laquelle nous reviendrons évidemment.

Quoi qu'il en soit, le club parisien, au-delà de la colère qui monte, nage en pleine incompréhension, considérant avoir tout donné à un joueur qu'il juge ingrat voire déloyal. Et une chose apparaît clairement dans l'esprit des dirigeants : ils s'accrocheront jusqu'au bout à l'espoir de voir Kylian Mbappé prolonger jusqu'en 2025 (dans le but de toucher une indemnité de transfert). Dans tous les cas, le PSG devra s'y retrouver financièrement.

Les événements de la mi-août 2023

Le 11 août 2023, l'avocate de Kylian Mbappé, Maître Delphine Verheyden, adresse une lettre au secrétaire général du PSG Victoriano Melero (nommé directeur général en octobre 2024) au nom de son client. Elle stipule que la veille, un « nouvel entretien de plus d'une heure et demie a encore eu lieu téléphoniquement entre lui et le président Nasser al-Khelaïfi ». Les deux hommes n'ont pas stoppé leurs échanges depuis que le joueur a annoncé ne pas vouloir activer son année supplémentaire. On est alors en plein psychodrame au club depuis que Mbappé a été mis à l'écart, relégué au rang de « lofteur », menacé qui plus est de passer l'intégralité de la saison sur le banc s'il ne prolonge pas ou s'il n'accorde pas un retour financier au PSG en cas de départ libre à la fin de la saison. Et s'il y a un club en Europe capable de sacrifier sa star en la mettant sur le banc par principe moral et parce qu'il réclame son dû, c'est bien celui-ci.

L'avocate de Kylian Mbappé fait donc comprendre, dans sa lettre, que son client accepte de faire des concessions « pour mettre un terme à cette menace intenable pour un joueur de son rang de ne pas jouer une saison entière, et pour que cesse cette destruction de son image auprès du grand public par la propagation, y compris virale via de faux comptes que nous avons identifiés, d'informations mensongères ».

Voici ce que Me Delphine Verheyden précise à propos de cet accord :

> « Mon client formule la proposition suivante :
>
> – Réduire de 55 millions bruts les primes devant lui être versées lors de la saison 2023/2024 (correspondant aux 30 millions de prime de fidélité liée aux deux premières années de contrat et 25 millions de prime de signature), ceci représentant une économie de plus de 68 millions dans les comptes du club ;
>
> – Transposer le règlement de ce même montant à la saison 2024/2025 s'il devait être encore présent dans les effectifs à cette date.
>
> Cette proposition est conditionnée aux éléments cumulatifs suivants :
>
> – Qu'il soit réintégré dans le groupe pour le match du 12 août 2023 et n'en soit plus sorti de toute la saison sportive ;
>
> – Que cet avenant soit signé au plus tard lundi 14 août à 12h. Passé cette date l'offre sera caduque ;
>
> – Rédaction d'un communiqué de presse commun indiquant la fin du différent, la réintégration sans condition dans le groupe et le

pas fait par mon client pour résoudre ce différent. Enfin, et c'est crucial pour lui, Kylian Mbappé insiste pour que je vous redise que ce qui compte avant tout pour lui est de jouer au football et gagner le maximum de titres avec son équipe. »

Le moindre mot, la moindre date, le moindre chiffre : tout est important. Et chaque écart peut remettre en cause l'intégralité de cet accord oral, qui a désormais une trace écrite.

Ce courrier déclenche deux réunions le lendemain, 12 août 2023, en marge du match PSG-Lorient pour lequel Kylian Mbappé est écarté. La première réunion a lieu avant le match : il s'agit d'un tête-à-tête avec Nasser Al-Khelaïfi, dans un salon non loin du vestiaire du PSG. Les deux hommes se regardent dans le blanc des yeux et discutent des modalités de l'accord qu'ils vont passer. Le président du PSG estime avoir bien reçu la proposition du joueur mais réclame plus en contreparties financières. Une deuxième réunion a lieu juste après le match. Cette fois, ils sont quatre : Kylian Mbappé, Nasser Al-Khelaïfi, Luis Campos et Luis Enrique, dans le bureau du président, une pièce plus spacieuse aux canapés blancs, avec un mur marron et une lumière douce. De cette réunion découle un accord entre les deux parties, qui permettra ensuite la réintégration de l'attaquant au groupe professionnel.

Aucun contrat n'est signé de manière bilatérale entre le club et le joueur. Selon les modalités initialement formulées par l'avocate de Kylian Mbappé dans sa lettre du 11 août, cela aurait pu se faire jusqu'au 14 (si Mbappé avait été retenu pour le match, ce qui était une condition). Mais cela ne fut pas le cas. Et c'est important. Car il s'avère que les deux camps ressortent satisfaits de cette réunion. La suite va prouver que les deux… n'ont pas compris la même chose de ces discussions. Du côté du président du PSG, on avance que le joueur a accepté de prolonger jusqu'en 2025 ou de laisser une somme d'argent bien supérieure aux 55 millions d'euros précédemment évoqués s'il venait à partir libre en 2024. Kylian Mbappé assure lui ne jamais avoir promis de prolonger ni de laisser une somme supérieure à la promesse initiale.

Luis Campos pris à témoin

Qui dit vrai, qui dit faux ? De toute évidence, les deux hommes ne se sont absolument pas compris. Reste que sur le terrain, la situation se normalise, avec la réintégration de l'attaquant. Mais contractuellement, rien n'est clair. Moins de 48 heures après cette réunion, Kylian Mbappé reçoit, de la part du PSG, une proposition de prolongation de contrat. Dans le camp de l'international français, on tombe des nues, on ne comprend pas cette initiative qui renforce le sentiment d'un dialogue de sourds.

Le PSG, certain d'être dans son bon droit et d'avoir la bonne interprétation de la réunion à quatre du 12 août, prend Luis Campos à témoin. Le conseiller sportif était présent dans la pièce, il a tout entendu. Et s'il est un proche du clan Mbappé, son employeur reste le Paris Saint-Germain. Le club va lui demander de s'engager. Il n'est pas question de mentir, le PSG étant persuadé d'avoir compris ce qu'il fallait comprendre de l'échange avec le joueur. Il est demandé à Luis Campos de confirmer la version avancée par le club. Ce qu'il va faire en signant une lettre, datée de septembre 2024, dans laquelle il certifie que Kylian Mbappé a assuré, ce jour d'août 2023, n'avoir conclu aucun accord contractuel avec un autre club (il n'a le droit de discuter avec un autre club qu'en entrant dans ses six derniers mois de contrat, soit en l'occurrence le 1er janvier 2024). Le Portugais ajoute que Nasser Al-Khelaïfi a fait savoir au joueur qu'il attendait une indemnité de transfert de 180 millions d'euros en cas de départ de Kylian Mbappé. Luis Campos certifie enfin que le joueur français s'est dit prêt à renoncer à certaines primes prévues dans son contrat pour la saison 2023-2024 (sans qu'aucun montant ne soit mentionné). Le conseiller sportif ne sera pas le seul à s'engager : d'autres collaborateurs ont témoigné (ou le feront selon les besoins) pour attester de ce qu'ils ont vu ou entendu dans les mêmes termes. Jamais il ne sera demandé par le PSG à Luis Enrique de signer ce courrier : la direction voulait le laisser se concentrer sur le terrain. Mais elle savait qu'en dernier recours, il pourrait témoigner en livrant la même version que NAK, voire en signant un document similaire à celui paraphé par Luis Campos.

Quand il signe ce courrier, le Portugais est persuadé de la véracité de ce qui est écrit. Mais il est certain que sa position contractuelle d'alors (en négociation pour une prolongation), et donc le fait d'être employé par le PSG, est inconfortable. Dans l'esprit de Nasser Al-Khelaïfi, Luis Campos était arrivé à Paris pour, entre autres, fluidifier la relation entre la direction du club et le camp Mbappé, en veillant à ce que tout se passe bien.

Entre la réunion du 12 août et la réintégration concrète de Kylian Mbappé au groupe professionnel, le président du PSG a incité Luis Campos et Luis Enrique à aller voir le joueur, pour tenter de lui faire entendre qu'il fallait signer un accord. À ce moment-là, le Campus PSG n'est plus seulement un terrain de jeu, il devient un théâtre politique et stratégique de tentative de formalisation d'une entente entre les deux parties. Ce qui n'est que peu apprécié par le joueur, qui le fait savoir au club, expliquant en substance que cette offre (détaillée dans le courrier envoyé par son conseil le 11 août) ne vient pas des avocats mais qu'elle relève du registre personnel, affirmant aussi qu'il parle avec le fond de son cœur et qu'il veut revenir jouer avec le PSG. Sauf qu'il n'est plus vraiment question de cœur : le PSG veut entériner un accord écrit et met la pression sur Kylian Mbappé. Un joueur qui vient tout juste de sortir du loft et de retrouver le groupe professionnel.

Jusqu'au bout, l'espoir d'une prolongation

Kylian Mbappé joue la montre. Il sait qu'il est finalement coincé pour quelques mois mais que tout va changer au 1er janvier 2024 : à ce moment précis, il entrera formellement dans ses six derniers mois de contrat à Paris et pourra officiellement entamer des discussions avec d'autres clubs, pour une signature à l'été suivant. Pour éviter une nouvelle punition – notamment d'atterrir indéfiniment sur le banc sans aucune perspective de jouer la moindre minute –, le champion du monde 2018 laisse planer le doute et flotter dans l'air l'idée qu'il pourrait accepter de prolonger d'un an et donc permettre au PSG de réclamer une indemnité de transfert. Mais sans que rien ne soit, une nouvelle fois, formalisé dans un contrat entre les deux parties. Ce flou lui permet toutefois de jouer. Car c'est à l'époque sa crainte principale : ne pas être en mesure de jouer serait une catastrophe dans cette saison qui doit le mener vers l'Euro avec l'équipe de France et vers un nouveau club au mercato estival. Il n'a toutefois jamais envisagé de prolonger en activant cette année en option.

Kylian Mbappé est sous pression. Psychologiquement, l'affaire n'est pas facile à assumer et surtout à digérer. C'est pourtant dans ces moments si tendus que le Français montre toute sa force de caractère. Car sur le terrain, il continue de faire le travail, d'empiler les buts, d'être prêt pour tous les matchs. Et si Luis Enrique pourra, après son départ, pleinement déployer ses idées de jeu et son sens du collectif, il ne pourra jamais reprocher à l'attaquant de ne pas avoir été présent, impliqué et décisif. Un tel mental n'est pas donné à tout le monde. C'est peut-être même du jamais vu pour un gamin qui a percé à 16 ans, a été champion du monde à 19 ans, a battu des records de précocité et de statistiques en équipe de France comme en club en jouant toujours les premiers rôles. Et si les supporters parisiens préfèreront finalement les jours d'après et l'ère entamée avec son départ, qui mènera au sacre en Ligue des champions, ils seraient d'une absolue mauvaise foi s'ils venaient à prétendre que Kylian Mbappé n'a pas fait le boulot, et ce quelles que soient les circonstances.

Le PSG comprend bien que Kylian Mbappé joue la montre. Et il a besoin d'y voir plus clair.

Fin 2023, une réunion entre le joueur et Nasser Al-Khelaïfi a lieu en tête à tête au domicile du dirigeant qatarien. Une entrevue dans une pièce peu éclairée, une atmosphère particulière qui a vu le président du PSG mettre une nouvelle fois les choses au clair. Au cours de cette entrevue, le dirigeant fait comprendre à Mbappé qu'il n'est pas question qu'il parte gratuitement après tous les efforts concédés par le club pour lui. Son ton monte, Kylian Mbappé reste calme. Tous les joueurs ne seraient pas capables d'encaisser une telle pression, surtout à 25 ans. L'attaquant encaisse tout, comme s'il avait le cuir tanné d'un quadragénaire. À l'époque, il est pourtant devenu un réel enjeu politique. Le 27 février 2024, le joueur se rendra ainsi à l'Élysée pour un dîner avec l'émir du Qatar, dans le cadre de sa visite en France. Les deux hommes seront réunis autour d'une même table… celle du président de la République. L'attaquant français échange d'ailleurs en direct avec Emmanuel Macron, qui a fait de Kylian Mbappé plus qu'un joueur, un symbole national.

Mais sur le fond, rien ne change et la date butoir de la fin de contrat de Kylian Mbappé approche. Le PSG comprend peu à peu que la situation est insoluble et va lui échapper. Le 10 juin 2024, soit vingt jours avant l'expiration du contrat du joueur au PSG, le secrétaire général du club adresse un nouveau courrier à l'avocate de Kylian Mbappé.

Le point de non-retour

Le ton est clairement monté de plusieurs crans. Victoriano Melero parle « d'allégations fantaisistes » du camp du Français et rappelle les conditions de l'accord que le PSG assure avoir conclu avec son attaquant en août 2023. « Quand bien même les représentants du Club ont insisté à plusieurs reprises pour formaliser cet accord par écrit dans le cadre d'un avenant au contrat de travail, vous nous avez informés le 22 août 2023 que votre client souhaitait évoquer ce sujet directement avec son Président, de sorte que l'accord a ensuite définitivement pris la forme d'un *Gentlemen's Agreement* », précise aussi le secrétaire général du PSG. « Dès lors que le Club, fidèle à sa conduite positive et respectueuse des demandes du joueur, espérait toujours le convaincre de prolonger l'aventure ensemble, ce format a été accepté de bonne foi. Cela était d'autant plus acceptable ainsi que le joueur a de nouveau confirmé le contenu de ses engagements dans ses communications avec les médias. » Une référence à la déclaration de Mbappé en janvier 2023 face aux médias : « Avec l'accord que j'ai passé avec le président cet été, peu importe ma décision, on a réussi à protéger l'ensemble des parties, à préserver la sérénité du club pour les défis à venir, c'est le plus important. » Cette prise de parole, comme nous l'avons vu, fait suite à une demande du président qui a incité son buteur à se positionner face aux rumeurs faisant état d'un accord entre le joueur et le Real Madrid.

Victoriano Melero confirme, dans sa lettre au clan Mbappé, que le joueur a certifié à Luis Campos et Luis Enrique, « au début de l'année 2024 », qu'il ne prolongerait pas. À ce moment-là, plus besoin de jouer la montre pour le joueur, qui peut désormais négocier avec son prochain club. « Si tous les représentants du Paris Saint-Germain étaient évidemment déçus de voir partir un joueur qui a autant compté dans son projet et son histoire récente, cette confirmation a bien été acceptée et ne faisait aucunement débat dès lors que les engagements pris par le joueur étaient respectés. C'est d'ailleurs ce que le joueur a de nouveau confirmé dans sa communication, en privé comme publiquement à travers les médias », ajoute le secrétaire général du club. Il répète alors que le club est dans son bon droit et ne devrait pas être à ce point la cible de critiques sur la scène médiatique, affirmant le PSG victime de « nombreuses manœuvres tout aussi inélégantes, et même menaçantes, de la part du joueur et de son entourage au cours de l'année écoulée » avec des comportements « désolants, incompréhensibles et petits ».

Avant d'asséner : « Le Club ne peut que demander au joueur de confirmer officiellement qu'il va bien respecter ses engagements. »

Le 18 juin 2024, Kylian Mbappé, focalisé sur l'Euro avec les Bleus, met en demeure le PSG pour divers salaires et primes non versés depuis le mois d'avril. Le clan Mbappé réclame plus de 55 millions d'euros : dans le détail, le joueur estime qu'il lui manque le tiers de la prime à la signature convenue au moment de sa prolongation (36,6 millions d'euros), ainsi que ses salaires d'avril, mai et juin 2024 et la prime éthique de cette période (18,75 millions d'euros). Les avocats du joueur vont sur le terrain du « harcèlement moral », ce que le PSG réfute avec force dans un courrier daté du 1er juillet 2024, une nouvelle fois signé par Victoriano Melero.

Voici un extrait du courrier écrit par le secrétaire général du PSG :

> « Sachez que nous sommes indignés par vos allégations qui sont extrêmement graves et totalement diffamatoires.
>
> Accuser le PSG de harcèlement moral à l'endroit de votre client, de “manœuvres d'intimidation et de pression violentes”, de “manœuvres financières” ou encore de “tentative d'extorsion de fonds” dénote une volonté manifeste de porter atteinte à la réputation du Club. Il en va de même de l'allégation d'avoir

mis en place contre lui “une entreprise méthodique de démolition de son image” ou encore de l’avoir volontairement “exposé à des propos dénigrants, vexatoires, voire humiliants” et d’avoir voulu “dresser l’opinion publique contre lui”.

Nous réfutons totalement ces allégations et nous nous réservons le droit d’engager des poursuites judiciaires s’il advenait que de tels propos soient mis sur la place publique.

La réalité est tout autre et vous le savez bien. »

Le PSG va faire ressurgir ce détail auquel on vous a suggéré de prêter attention : la date apposée par Kylian Mbappé sur le courrier qu’il avait adressé à son club pour l’informer qu’il ne prolongerait pas jusqu’en 2025 : « Concernant son contrat de travail, votre client a trompé le Club une première fois lorsqu’après avoir signé l’avenant de prolongation du 21 mai 2022, il a laissé passer 11 mois pour nous informer de sa décision de ne pas lever l’option relative à la saison complémentaire 2024/2025 alors que, de son aveu, il avait pris sa décision dès le 15 juillet 2022, soit moins d’un mois après avoir signé ledit avenant », réplique Victoriano Melero dans sa lettre du 1er juillet 2024. Laissant supposer une forme de préméditation chez le joueur, dès la signature de son nouveau contrat en mai 2022. Il cite aussi de nouveau le courrier du 11 août 2023, envoyé par l'avocate de Kylian Mbappé, détaillant les efforts financiers que son client était prêt à consentir, notamment la réduction de ses primes de « 55 millions bruts ». Ce qui à l'époque ne suffisait pas au PSG mais prouvait, selon le club, un engagement à consentir des efforts financiers de la part de l'attaquant.

Puisqu'il n'y a pas eu de contrat formel signé par les deux parties pour sceller un accord financier, le PSG a désormais pour mission de prouver : qu'il est dans son bon droit ; que Kylian Mbappé a menti et ne peut brandir l'argument judiciaire sur les motifs avancés ; qu'il doit récupérer une somme d'argent pour compenser le départ libre de son joueur. Et à cette étape, le montant n'a plus guère d'importance, pourvu qu'il y ait la reconnaissance, par la justice, que le club parisien n'a pas menti et que ses demandes sont fondées.

Car c'est bien sur le volet judiciaire que va se régler cette affaire. Les instances sportives ont fini… par ne pas trancher. La commission juridique de la Ligue de football professionnel (LFP) et la commission d'appel mixte paritaire ont enjoint le PSG de verser ces sommes. Le club a refusé, assignant la LFP devant le tribunal judiciaire de Paris pour contester ces deux décisions. Une assignation qui a poussé la commission de discipline de la Ligue et la commission supérieure d'appel de la Fédération française de football

(FFF) à se déclarer incompétentes pour trancher ce recours. Un statu quo qui a poussé l'affaire au pénal.

En avril 2025, Kylian Mbappé obtient de la justice la saisie conservatoire de 55 millions d'euros (les impayés qu'il réclame) sur les comptes du PSG. Le juge de l'exécution des peines du Tribunal judiciaire de Paris ordonnera, en mai 2025, l'annulation de cette saisie. Une décision qui suit l'audience du 12 mai 2025, durant laquelle les avocats du club parisien ont démonté un à un les éléments de preuve présentés par le joueur et ses représentants.

Voici la synthèse émise par les avocats du PSG à la suite de l'audience du 12 mai 2025, adressée à la juge de l'exécution :

> « Or, ainsi qu'il sera démontré :
>
> – Monsieur Mbappé-Lottin ne dispose pas d'une créance fondée en son principe alors qu'un accord est intervenu entre les parties par lequel ce dernier avait renoncé aux sommes qu'il tente de revendiquer aujourd'hui ;
>
> – Monsieur Mbappé-Lottin a lui-même confirmé publiquement l'existence de l'accord qu'il tente aujourd'hui de renier ;
>
> – Monsieur Mbappé-Lottin a délibérément dissimulé au Juge de l'exécution que le PSG conteste fermement et depuis l'origine être débiteur envers Monsieur Mbappé-Lottin de la

moindre somme au regard de l'accord intervenu entre les parties ;

– Monsieur Mbappé-Lottin a volontairement dissimulé au Juge de l'exécution l'étendue des contentieux pendants opposant les parties pour maintenir l'illusion d'une créance fondée en son principe ;

– Monsieur Mbappé-Lottin a volontairement dissimulé que le PSG dispose en réalité d'une créance sur lui d'un montant bien supérieur à sa prétendue créance ;

– Monsieur Mbappé-Lottin n'a même pas pris la peine de démontrer l'existence de la moindre menace sur le recouvrement de sa prétendue créance en n'évoquant jamais le moindre risque financier et en se contentant d'affirmer faussement que le seul refus de règlement serait de nature à justifier ce risque ;

– Monsieur Mbappé-Lottin a volontairement sollicité la prise de mesures conservatoires surestimées pour plus de 30.000.000 € et portant ainsi sur plus du double de la créance qu'il revendique ;

– Monsieur Mbappé-Lottin a délibérément amené le Juge de l'exécution à statuer *ultra petita* en le faisant autoriser des mesures qui ne lui étaient pourtant pas demandées.

En réalité, cette ordonnance obtenue sur la base d'une argumentation mensongère et dévoyée relève uniquement d'une volonté de nuire au PSG et d'instrumentaliser le Juge de l'exécution dans le cadre d'une guerre médiatique engagée par Monsieur Mbappé-Lottin à l'encontre de son ancien club.

Dans ses conclusions d'une agressivité inouïe, Monsieur Mbappé-Lottin préfère la confusion et les accusations outrancières aux arguments juridiques et factuels sans parvenir à dissimuler sa gêne, elle bien légitime, sur les nombreuses irrégularités des mesures conservatoires autorisées.

Il conviendra donc de rétracter l'ordonnance entreprise et de condamner Monsieur Mbappé-Lottin à indemniser le PSG de l'ensemble des préjudices qu'il a subi. »

Lire les mots des avocats du PSG *in extenso* permet de saisir à quel point le ton a changé et à quel niveau de conflit les deux parties en sont arrivées. On apprend par ailleurs formellement, dans ces documents, la rémunération précise et officielle de Kylian Mbappé au PSG : une rémunération annuelle nette de 33,3 millions d'euros sur la saison 2022-2023 et la saison 2023-2024 ; des primes d'un montant total de 82,6 millions d'euros net (dont une prime à la signature et une prime de fidélité). Le même salaire était prévu pour l'année en option 2024-2025.

On constate aussi les efforts, jusqu'au bout, du PSG pour tenter de convaincre Kylian Mbappé de prolonger jusqu'en 2025. Les avocats du club précisent que la direction envisageait, en cas de prolongation, de laisser partir le joueur à condition de recevoir une offre de 180 millions d'euros. Avec une disposition très particulière qui aurait pu permettre au joueur d'empocher 180 millions d'euros selon un scénario bien précis : « Si le PSG reçoit une offre d'un montant au moins égal à 180 millions d'euros et qu'il décide de ne pas réaliser le transfert lors du mercato d'été 2024, alors Monsieur Kylian Mbappé-Lottin joue sous les couleurs du PSG jusqu'au 30 juin 2025 et il perçoit la totalité des primes prévues au titre des saisons 2022-2023 et 2023-2024, plus la totalité des primes prévues au titre de la saison 2024-2025, plus une prime de fidélité complémentaire de 180 millions d'euros », écrivent les avocats du PSG en évoquant les propositions du club à Kylian Mbappé pour qu'il prolonge. Paris a finalement obtenu un gain de cause… temporaire.

À cette version affirmée par le club, les avocats du joueur répliqueront par un courrier de trente-neuf pages adressé au juge de l'exécution, soulignant que « l'assignation du PSG comporte d'innombrables erreurs, approximations ou mensonges ». Parlant d'un « écran de fumée » sur un ton similaire à celui de la partie adverse : « Le PSG s'épuise à invoquer un prétendu accord entre le joueur et le club, conclu à l'été 2023, qui le dispenserait de payer ce qu'il doit. Cet accord qui n'a jamais existé est laborieusement décrit sur plusieurs pages de telle manière que l'on n'y comprend rien. Il y aurait plusieurs scénarios, des hypothèses variables, des évolutions possibles, qu'on découvre pour la première fois dans la présente assignation, et qui ne figurent dans aucun autre document que dans les écritures du PSG. C'est dire si cet accord, allégué *ad nauseam*, est une fable, qui relève de la pensée magique, mais pas du droit. Ce prétendu accord n'a d'ailleurs jamais été produit, ni homologué, pour la raison qu'il n'existe pas. Le PSG confond sciemment une discussion de vestiaire avec un avenant au contrat. » Estimant qu'il ne revenait pas au juge de l'exécution de trancher.

Mbappé, un « lofteur » comme les autres ?

Le 26 juin 2025, le Parquet de Paris, sollicité par l'Agence France Presse, dévoile que Kylian Mbappé a déposé plainte le 16 mai contre le PSG pour « harcèlement moral » et « tentative d'extorsion de signature ». La Brigade de répression de la délinquance aux personnes (BRDP) est alors saisie, d'autant que la plainte de Mbappé accompagne celle de Kheira Hamraoui, ancienne joueuse du PSG, qui affirme de son côté avoir été écartée par le club dans le but de l'inciter à partir. Un volet pénal qui ajoute une strate aux épaisses couches du conflit financier entre le joueur et son ancien club.

Difficile d'affirmer que Kylian Mbappé veut jouer les justiciers pour ceux qui pourraient, par la suite, passer par des épreuves similaires. Mais cette plainte a aussi pour conséquence de replacer le sujet des lofts dans les clubs professionnels dans le débat public du microcosme sportif. En janvier 2024, le Syndicat des footballeurs et footballeuses professionnels avait porté plainte contre X, en accusant de harcèlement moral et d'extorsion les clubs mettant en place ces « lofts », destinés à mettre à l'écart certains joueurs. Selon le syndicat, l'objectif est de « maximiser le prix des transferts ». Officieusement, c'est surtout une façon de mettre sous pression certains « indésirables », pour les pousser à trouver une porte de sortie.

Il y a des règles à respecter, elles sont édictées dans la Charte du football français, qui sert de convention collective à la profession et est cosignée par la Fédération française de football, la Ligue de football professionnel, l'Union des clubs professionnels de football (UCPF, principal syndicat des clubs) et l'Union nationale des footballeurs professionnels (UNFP). Tout le monde s'accorde donc sur un règlement. On y lit notamment, dans l'article 507 portant sur la gestion de l'effectif :

« Sauf raison médicale, le club ne saurait maintenir aucun joueur sous contrat professionnel à l'écart du dispositif mis en place au sein du club pour la préparation et l'entraînement collectif des joueurs professionnels ou élites (concernant les 3 dernières années de leur contrat pour ces derniers). »

Avec, pour réserve et sous conditions précises, les périodes de mercato :

« Du 1er juillet au 30 août, aucune contrainte dans la gestion de l'effectif n'est imposée aux clubs durant cette période hormis celle de permettre à tous les joueurs sous contrat professionnel de bénéficier des conditions de préparation et d'entraînement suivantes : 1– L'accès aux vestiaires éventuellement différents mais de qualité identique ; 2– La fourniture des équipements prévus pour tous les joueurs professionnels ; 3– L'accès aux soins médicaux éventuellement différents mais de qualité identique ; 4– L'accès à des infrastructures d'entraînement éventuellement différentes mais de qualité identique ; 5– Des horaires d'entraînement compatibles avec les autres conditions de préparation et d'entraînement du groupe principal des professionnels ainsi que respectueuses de la santé des joueurs ; 6– L'accès à des entraînements encadrés par un entraîneur titulaire d'un diplôme fédéral sous le contrôle de l'entraîneur du club titulaire du BEPF ou du BEFF. »

Entre le 31 août et le 30 juin, les règles sont claires, pas de mise à l'écart autorisée :

« Les clubs doivent permettre aux joueurs sous contrat professionnel de participer aux entraînements collectifs avec le ou les groupes de joueurs composant le ou les groupes professionnels et aux entraînements individuels. Les clubs doivent donner à leurs joueurs professionnels sous contrat les moyens de s'entraîner pour leur permettre d'atteindre ou de conserver un niveau de condition physique suffisante à la pratique du football professionnel en compétition. »

En clair : un loft, oui, c'est possible. Mais seulement jusqu'au 31 août. Après, tout joueur du club qui aurait été mis à l'écart sous ces conditions strictes doit être réintégré au groupe professionnel. Seule exception : la possibilité de créer un deuxième groupe d'entraînement, avec au minimum dix joueurs (huit en Ligue 2), dans des conditions de qualité strictement identique. En cas de litige, un joueur a la possibilité de saisir la commission juridique de la LFP.

Mais dans le cas de Kylian Mbappé, le PSG a bien veillé à ne pas enfreindre les règles. Car le joueur a pu retrouver le groupe professionnel avant la fin du mercato d'été 2023. Et il n'a pas été écarté des feuilles de match. Paris aurait très bien pu décider de ne pas lui faire jouer une seule minute mais il ne l'a pas fait.

Reste l'insondable : le degré de souffrance psychologique ressentie par Kylian Mbappé. Ni le PSG, ni ses proches, ni les avocates des deux parties ne pourront évaluer avec certitude l'ampleur des dégâts chez ce joueur qui ne montre jamais rien. Son Euro compliqué avec les Bleus et son début de saison délicat avec le Real Madrid ne sont pas dus au hasard.

Le champion du monde a en tout cas choisi de faire passer un message d'apaisement. Le 7 juillet 2025, à deux jours de la demi-finale de la Coupe du monde des clubs entre le PSG et le Real Madrid marquant ses retrouvailles avec son ancien club, Kylian Mbappé a retiré sa plainte contre X pour harcèlement moral et tentative d'extorsion de signature via ses avocats. Il ne faut pas pour autant acter un apaisement définitif des tensions avec son ancien club. D'abord parce que retrait de plainte ne signifie pas automatiquement arrêt de la procédure (seul le procureur est habilité à stopper l'information judiciaire). Mais surtout parce que Kylian Mbappé a conservé sa procédure aux prud'hommes pour réclamer 55 millions d'euros qu'il juge impayés. Le joueur français aime maîtriser sa communication et le prouve une nouvelle fois : retirer cette plainte, c'est affirmer publiquement – en prenant les médias et les supporters à témoin – qu'il fait un effort et tente d'apaiser certaines tensions juridiques. Sans que cela ne mette fin, dans les faits, au conflit. Il faut parfois faire de la politique. Et à ce jeu-là, le champion du monde n'est pas le moins bon. Comme lorsqu'il s'est agi de poster, en story Instagram à quelques heures du match PSG-Real, une photo de lui portant le maillot parisien.

5

La phase de deuil et le lancement d'une nouvelle ère

C'est donc ainsi que s'est achevée l'aventure de Kylian Mbappé au PSG. Drôles d'adieux après sept ans au club. Le ressentiment d'une partie des supporters pour Neymar s'explique aisément, tant ils ont cru en lui, tant ils ont été déçus. Mais avec l'attaquant français, le désamour est né d'une incompréhension. Avec des regrets, et sans doute de part et d'autre.

Le 3 juin 2024, le Real Madrid met fin au semblant de suspense qui restait, pas tant sur sa destination que sur le timing de l'annonce. Dans un communiqué d'une sobriété très madrilène, la Maison Blanche annonce la signature du capitaine de l'équipe de France. Avant le début de l'Euro, donc. « Un rêve devenu réalité. Tellement heureux et fier de rejoindre le club de mes rêves. Impossible d'expliquer à quel point je suis heureux et ému. Je suis impatient de vous voir, *Madridistas*, merci pour votre incroyable soutien. *Hala Madrid !* », écrit le joueur sur Instagram. Son avenir est donc scellé et connu de tous avant qu'il ne se concentre sur les Bleus, avec la signature d'un contrat jusqu'en 2029. De quoi réjouir le vestiaire *merengue*. D'ailleurs, au début de la saison 2023-2024, Kylian Mbappé avait reçu un appel en visio d'un joueur du Real, entouré de ses coéquipiers, l'incitant à rejoindre le « plus grand club du monde ». Un geste qui a fait comprendre au Français qu'il était bien désiré à Madrid depuis des mois (pour ne pas dire des années), à mesure que ses relations avec le PSG se dégradaient. En ce sens, la photo de Mbappé posant aux côtés de Rodrygo début août 2023, postée par le Brésilien du Real en story Instagram, avait déjà provoqué bien des remous au sein du club parisien. Une scène presque cocasse quand on sait que Rodrygo verra son temps de jeu se réduire fortement à l'arrivée du Bondynois.

Zidane plutôt que Ronaldo pour adouber Mbappé

Le Real Madrid rêvait sans doute d'accueillir un champion d'Europe, en plus d'un champion du monde. Mais l'Euro 2024 n'a pas été si rose. Dans un tournoi dans lequel une seule équipe a fait forte impression dans le jeu, c'est sur ce même os que l'équipe de France est tombée : l'Espagne. Une *Roja* emmenée par un certain Lamine Yamal, que Kylian Mbappé aura tout le loisir – et la souffrance aussi – d'affronter sur les terrains de Liga pour sa première saison madrilène. Le parcours des Bleus s'est arrêté en demi-finale. Laissant toute latitude au capitaine tricolore de préparer son aventure dans son nouveau club. C'est le 16 juillet qu'aura lieu la présentation, en grande pompe, de Kylian Mbappé à Bernabeu. À son entrée sur la pelouse, le joueur a été très chaleureusement acclamé par 80 000 spectateurs, qui avaient visiblement pardonné ses soubresauts passés, vécus comme un affront au moment de sa prolongation au PSG en 2022. Après sa visite médicale et un premier bain de foule, le buteur a signé son contrat à Valdebebas, centre d'entraînement du Real Madrid, aux côtés de Florentino Perez, président du club et qui rêvait de faire venir le Français depuis de nombreuses années. Alvaro Arbeloa, Raul, Santiago Solari… d'illustres anciens ont fait le déplacement pour assister à la présentation du crack de Bondy. Avec un certain Zinédine Zidane. Comme s'il fallait symboliquement adouber le nouveau numéro 9 du Real Madrid pour être certain d'enterrer les errements passés. Il aura même un temps été question de la présence de Cristiano Ronaldo, idole revendiquée de Kylian Mbappé. L'idée a finalement été abandonnée, éloignant toute crainte de malaise, même infime, entre le

Portugais et son ancienne direction, avec qui le divorce avait été délicat en 2018.

Le ton est donné d'entrée pour Kylian Mbappé. « Ce club est le plus aimé et le plus admiré au monde », rappelle le président de la Maison Blanche. Florentino Perez évoque aussi le « mythe du Real Madrid ». Comme s'il s'agissait déjà de signifier au champion du monde qu'il ne serait jamais plus grand que l'institution. Il le fut sans doute un temps au PSG. Mais l'électrochoc de sa sortie aura servi de leçon au club parisien pour bâtir de nouvelles fondations plus solides. Et solides, cela fait bien longtemps que les fondations le sont au Real. L'émotion est palpable chez Kylian Mbappé. Sans doute se souvient-il des posters affichés sur les murs de sa chambre, de ses premiers entraînements et de ses envies de gamin. « Depuis que je suis enfant, j'avais un seul rêve, c'était d'être ici », lâche-t-il dans une ambiance survoltée. Ses parents sont présents, sa mère est en pleurs. C'est l'aboutissement d'un début de carrière, d'une vie. C'est aussi la fin d'une longue séquence douloureuse pour la famille Mbappé.

Les premiers mois madrilènes du joueur ne seront pas de tout repos. Le 14 août 2024, Kylian Mbappé participe déjà grandement à offrir un premier trophée au Real Madrid avec la Supercoupe d'Europe remportée face à l'Atalanta Bergame. Déjà buteur, comme pour rassurer sur ses réflexes et ses intentions. Mais l'environnement madrilène n'est pas le plus simple à appréhender, même pour un joueur comme Kylian Mbappé. Le Français atterrit dans un club qui vient de remporter sa quinzième Ligue des champions. Sans lui. Faire mieux est impossible. Surtout dans une équipe qui, grâce à ce nouveau sacre européen quelques mois plus tôt, a mis sous le tapis des problèmes footballistiques importants. Car tout n'est pas rose dans ce collectif, déséquilibré avant même l'arrivée de sa nouvelle star. Carlo Ancelotti peine à trouver la formule idéale. Au milieu de terrain, mais surtout en attaque. Car rien, sur le papier, ne garantit la bonne entente entre Vinicius et Kylian Mbappé, deux joueurs qui présentent des similarités dans leurs profils, à commencer par leur propension à jouer sur l'aile gauche. L'entraîneur italien va donc garder le cap lancé par Luis Enrique en alignant le Français à la pointe de l'attaque. Mais les deux attaquants se marchent dessus. Et même s'ils y mettent du leur, l'alchimie peine à naître. Le coup de grâce viendra avec l'attribution du Ballon d'Or à Rodri, maître à jouer de Manchester City, alors que tout Madrid le pensait promis à Vinicius. Le Brésilien ne s'en remettra pas. Kylian Mbappé devient pourtant le buteur le plus prolifique de l'histoire du club pour une première saison au Real Madrid avec une quarantaine de buts. Plus qu'honorable. Et peu oseront lui imputer la responsabilité de l'élimination par Arsenal en quart de finale de la Ligue des champions ou le scénario fou de la finale perdue en Coupe du roi face au Barça.

La pression madrilène et une nouvelle rivalité

Certains anciens du Real, comme Lassana Diarra ou Claude Makelele, prendront tout de même le temps de lui parler, notamment en début de saison. Eux sont conscients de la difficulté de s'adapter à une aussi grande maison, où l'exigence est plus grande qu'ailleurs. Ici se font les idoles, mais elles sont particulièrement exposées. La presse espagnole est bien plus dure que les médias français. Il faut, quoi qu'il arrive, composer avec le camp adverse, avec des journaux catalans dont le positionnement pro-Barça est assumé et induit de fait un traitement très dur du Real Madrid. Mais les titres de la capitale espagnole ne sont pas beaucoup plus tendres. Nombreux sont les journalistes qui s'interrogent sur la capacité d'intégration de Kylian Mbappé, tactiquement notamment. Beaucoup se demandent aussi qui sera le plus patient entre les supporters, la direction du club, le staff… ou le joueur lui-même. En Espagne plus qu'ailleurs, on passe vite d'articles titrés « Killer Mbappé », « Magnifique » ou « Affamé » à une analyse peu flatteuse de son langage corporel vis-à-vis de ses coéquipiers.

D'autant que son éclat est terni par l'émergence d'un phénomène qui joue dans le club rival : Lamine Yamal, déjà champion d'Europe et qui a dépassé les 100 matchs professionnels… à 17 ans. Le joueur qui marque les esprits, c'est lui. Il ne l'a d'ailleurs pas battu de la saison, ni dans les deux *clasicos* de Liga, ni en Supercoupe d'Espagne, ni en Coupe du roi. Il a pourtant marqué dans presque tous les matchs (exception faite de la claque à Bernabeu en octobre), avec même un triplé le 11 mai à Barcelone (pour une défaite 4-3). Impuissant. Triste constat pour un tel monstre de football. Mais le bilan sportif se fera à la fin de son passage au Real Madrid. Car on n'oserait enterrer un talent pareil.

Tandis que les aficionados du Ballon d'Or se déchiraient pour savoir qui d'Ousmane Dembélé ou de Lamine Yamal devait soulever le précieux trophée individuel, Kylian Mbappé semblait bien loin du débat. Mais prétendre que sa première saison madrilène est un échec serait faux. Si le Real a déçu, c'est surtout collectivement. La presse et les supporters, qui ont affiché un certain scepticisme proche de la déception pendant ses six premiers mois, ont fini par reconnaître que si un joueur avait fait le travail sur cette saison, si un membre de l'équipe avait tout donné et répondu en marquant but sur but et en sauvant la mise de ses coéquipiers à de nombreuses reprises, c'est bien Kylian Mbappé. Il finira même Soulier d'or européen, à savoir meilleur buteur d'Europe, avec 31 buts en 34 matchs de championnat, 43 toutes compétitions confondues, devenant le joueur le plus décisif pour sa première saison au Real Madrid (devant Cristiano Ronaldo). Carlo Ancelotti fera, lui, les frais de cette saison décevante : jugé en bout de course à Madrid après avoir échoué à trouver la bonne formule pour intégrer le Français et lui faire développer une vraie complémentarité sur le terrain avec Vinicius ou Rodrygo, le technicien italien fait ses valises pour prendre la sélection du Brésil. Xabi Alonso, ancien joueur du club, arrive sur le banc, auréolé de son succès à la tête du Bayer Leverkusen en Allemagne, avec des idées de jeu plus claires et la volonté d'intégrer sa star dans un schéma collectif précis et sans concession.

L'interview vérité

Au-delà du terrain, il ne manquait plus que les explications, dans une séquence médiatique qui pourrait servir d'exutoire ou à tourner définitivement la page. Un peu des deux, sans doute. Dimanche 8 décembre 2024. Le rendez-vous attendu arrive. Kylian Mbappé sort du silence dans une longue interview télévisée. Le joueur et son entourage avaient envie de communiquer, sur le PSG, sur le Real Madrid, sur l'équipe de

France, sur les accusations de viol en Suède… bref, de faire une mise au point générale. La planète média était à ses pieds pour obtenir le graal. Le capitaine des Bleus avait la main et a fait le choix de Canal+, ou plus précisément de *Clique*, le format très *web-friendly* lancé et animé par Mouloud Achour.

Une décision mûrement réfléchie. Un journal télévisé aurait été trop solennel, une émission de plateau en direct aurait sans doute été plus casse-gueule et lui aurait apporté moins de maîtrise. Choisir *Clique*, c'est avant tout choisir une émission enregistrée. L'interview aura duré 1 h 20 au total. Une cinquantaine de minutes ont été dévoilées en première diffusion.

« Dans ce qui n'est pas passé, Kylian parle de ses performances au Real, de la gestion de son image, de son engagement associatif. Il y a aussi un entretien croisé avec sa mère Fayza », confiera Mouloud Achour au *Parisien* au lendemain de la diffusion de l'entretien. Du côté de *Clique*, on assure que Kylian Mbappé n'a pas fliqué le montage ni demandé à regarder la version finalement diffusée.

La mère du joueur a une nouvelle fois été à la manœuvre. Elle gère l'image de son fils et c'est donc par elle qu'il a fallu passer. Mais contrairement à la plupart des interviews de joueurs ou acteurs du monde du football, le premier pas a été fait du côté du clan Mbappé.

Un mois plus tôt, Fayza Lamari envoie un message conviant l'équipe de l'émission à prendre un café. Des « cafés », il y en aura plusieurs entre *Clique* et son entourage avant que la star des Bleus accepte l'invitation. « Beaucoup de gens étaient sur le coup et on nous a dit : "Kylian veut faire une émission qu'il regarde." Il voulait être en confiance. Là, on est dans une émission culturelle et pas purement sportive », expliquera plus tard Mouloud Achour.

Un pull en maille beige, un canapé beige, une grande baie vitrée : tout dans le décor de cette maison de Madrid devait refléter une sobriété semblable au message que voulait faire passer Kylian Mbappé. Celui de l'humilité. Taxé d'immodestie lors de ses derniers mois au PSG – par certains supporters mais surtout dans les discours relayés par la direction du club –, l'attaquant du Real Madrid souhaitait montrer une certaine proximité. D'où le choix d'une interview posée, sans fard, avec un vocabulaire moins journalistique et plus « normalisé », plus semblable à la façon dont s'exprime sa génération, cette jeunesse que Kylian Mbappé souhaite toucher voire embarquer avec lui. Celle qu'il a inspirée aussi.

Les premiers mots diffusés donnent le ton : celui de l'apaisement. « Je suis très heureux », assure le capitaine de l'équipe de France d'emblée, comme pour affirmer son épanouissement… et un certain soulagement. Difficile de ne pas faire le lien avec son départ du PSG quelques mois plus tôt. Avec le risque d'une communication un peu trop maîtrisée ? « Les gens nous voient comme des robots », admet Kylian Mbappé, conscient de ne pas toujours dégager ce naturel qu'il n'aura, lui l'enfant prodige et si bien éduqué au monde médiatique depuis le plus jeune âge, jamais vraiment eu le loisir d'expérimenter. Tous ceux qui côtoient ou ont côtoyé Kylian Mbappé vous le diront : sa manière de s'exprimer face à une caméra n'a rien à voir avec son phrasé de tous les jours, celui d'un garçon de son âge.

Tout pourtant, dans cette interview, dégage la maîtrise. Pour des raisons juridiques d'abord, notamment sur l'enquête en Suède : « Je n'ai rien reçu, pas de convocation. J'ai lu la même chose que tout le monde. Le gouvernement suédois n'a rien dit. Je ne suis pas concerné. […] Si la justice me convoque, j'irai, tout simplement. » Le 15 octobre 2024, alors que la presse du pays a affirmé quelques jours plus tôt que Kylian Mbappé était visé, la police suédoise confirme avoir enregistré une plainte pour viol et agression sexuelle, sans citer la personne accusée. Les faits présumés auraient eu lieu pendant une virée du joueur dans la capitale scandinave, pendant ses jours de repos. Le champion du monde n'était alors pas présent au rassemblement de l'équipe de France en Hongrie pour la Ligue des nations, après une discussion entre le staff de Didier Deschamps et celui du Real Madrid. L'affaire sera finalement classée sans suite en décembre. Mais cette histoire fera des remous jusque dans le vestiaire du PSG : certains joueurs, notamment les plus jeunes, ont pris peur devant ce qu'ils pouvaient lire sur les réseaux sociaux. Notamment les théories du complot selon lesquelles le PSG pourrait être à l'origine de cette affaire, leur faisant craindre d'être un jour victimes de méthodes similaires. Un sentiment qui est vite retombé mais qui en dit long sur les traces laissées par le conflit entre Mbappé et la direction.

Dans son interview à *Clique*, les mots choisis et la prudence de Kylian Mbappé ont aussi des raisons diplomatiques, dues à cette relation distendue avec la direction du PSG. Dissension dans laquelle il ne veut surtout pas embarquer les supporters : « Le club a énormément compté pour moi » ; « J'ai passé sept années extraordinaires » ; « Avec les supporters, j'aurais pu être plus expressif » ; « Je regarde encore les matchs du PSG » ; « J'ai toujours gardé cette attache avec le PSG ». Des messages d'amour pour Paris, ses fans, le club en général.

Politiquement en revanche, la communication s'est voulue plus pointue. Car concernant la direction du club, Kylian Mbappé aura l'habileté de ne pas mettre tout le monde dans le même panier… et de ne pas citer réellement les gens directement ciblés. Luis Campos, Luis Enrique,

Nasser Al-Khelaïfi ne seront jamais nommés. Le seul cité ? L'émir du Qatar, avec qui « les relations ont toujours été au top », assure le buteur. « Je suis dans la voiture et une info sort comme quoi l'émir du Qatar va faire une offre irrefusable pour rester au PSG. Il m'a dit : "Tu vois, ils pensent que je vais te faire une offre mais tu as décidé de partir et je respecte ta décision. Tu veux réaliser ton rêve d'aller au Real Madrid, merci pour tout." Ça m'a touché. Je lui ai dit que je donnerai le meilleur jusqu'à la fin de la saison. »

Le clan Mbappé a opté pour la carte de la diplomatie. Une façon de ne surtout pas viser l'État du Qatar et de faire comprendre que les problèmes du PSG ne concernaient que quelques individus précis, en rien un pays qui s'est solidement implanté dans le monde du football. On ne sait jamais de quoi l'avenir sera fait. Dans le football particulièrement, les ennemis d'hier sont parfois les amis de demain.

Les relations avec l'émir du Qatar, Tamim Al Thani, n'ont pourtant pas toujours été idylliques. Si l'émir n'a jamais désavoué Nasser Al-Khelaïfi, c'est aussi le signe de la confiance qu'il lui porte et de l'importance stratégique du président du PSG sur la scène française, européenne et mondiale. Alors même au cœur de la crise avec Kylian Mbappé, même quand les déconvenues sportives s'enchaînaient jusqu'à parfois frôler la honte, l'émir a gardé son cap. Il ne s'agit pas seulement de glaner des trophées. La stratégie qatarie est bien plus vaste. Il s'agit surtout, grâce au *soft power*, de s'installer sur la scène internationale.

Une Ligue des champions sans Mbappé

La diplomatie, le Qatar en a toujours fait une priorité pour étendre son influence culturelle, stratégique et politique, notamment sur le sol français. Mais après avoir organisé la Coupe du monde à domicile – une compétition conclue par le sacre de Lionel Messi et de l'Argentine, un scénario idéal, en termes de rayonnement médiatique, pour la FIFA –, l'ambition n'est plus tout à fait la même. Il ne reste plus beaucoup de marches à gravir pour que le petit État du golfe, grâce à son club-lige, atteigne le sommet et que le PSG s'assoie désormais à la table des plus grands, aux côtés du Real Madrid, du Barça, du Bayern, de Liverpool, de Manchester United. Avec l'intention d'y rester. Le sacre en Ligue des champions, ce soir du 31 mai 2025, a ajouté une divine pièce à l'édifice. Une consécration. Sans Kylian Mbappé.

« Si je n'avais pas pu aller au Real, je serais resté au PSG toute ma vie », admettra le joueur français en décembre 2024. Lui aura peut-être plus de regrets que le club parisien sur ce plan. Certains membres de son entourage l'avaient prévenu qu'il passait peut-être à côté de quelque chose de grand en quittant le club à ce moment-là, compte tenu de la physionomie de l'équipe et de la philosophie de jeu de Luis Enrique. Lui a préféré rester droit dans ses bottes en privilégiant son rêve de gosse, Madrid.

Et puis, il y aura ce furieux rappel du 9 juillet 2025. Cruel. Comme le score de la demi-finale de Coupe du monde des clubs PSG-Real : une victoire 4-0 des Parisiens à l'issue d'un implacable récital. Les Madrilènes, et parmi eux Mbappé, ont pris une vraie leçon de football de la part d'un club qui aura joué 65 matchs dans sa saison… sur 65 possibles, avec 100 % de finales à la clé. Et si Ousmane Dembélé a marqué, les autres buteurs se nomment Gonçalo Ramos et Fabian Ruiz (doublé). Drôle de symbole qui rappelle que dans ce PSG sans Mbappé, il n'y a plus de superstar mais un collectif au service de tous. L'attaquant madrilène n'aura pas vu le jour, brillamment muselé par la défense adverse avec un Marquinhos impressionnant. Un coup de massue qui condamne Kylian Mbappé, pour sa première année post-Paris, à une saison quasi blanche (hormis la Supercoupe d'Europe et la coupe intercontinentale). Quand les Parisiens roulent, sans lui, sur tout le monde.

Mais malgré une première saison imparfaite ponctuée d'une déception en Ligue des champions, Kylian Mbappé ne regrette pas son choix. Pendant qu'il s'acclimate en Espagne, Paris déploie son plan sous l'impulsion de deux Luis bien déterminés à faire passer un cap au PSG. À leur manière. Et avec réussite.

PARTIE 2

La prise de pouvoir des deux Luis ou le chemin vers le paradis

Kylian Mbappé désormais loin de Paris et occupé à s'intégrer dans un Real Madrid qui se cherche un nouveau souffle, le PSG a décidé d'assumer entièrement son nouveau virage. Priorité au sportif, au terrain et au collectif. Moins de stars, moins de passe-droits et plus de liberté pour des décideurs intermédiaires, dans un modèle qui n'est pas sans rappeler celui de Manchester City. Avec aux manettes un duo de Luis : Campos l'architecte, Enrique le chef d'orchestre.

1

Luis Campos, le nouvel architecte… de l'ombre

Quand on est un stratège comme Luis Campos, chaque mot compte, est pesé, analysé, choisi avec un soin particulier. Quiconque a déjà eu l'occasion de parler avec lui vous le dira : c'est un homme d'une intelligence rare, qui préfère l'ombre à la lumière. Mais une ombre dont il choisit l'épaisseur. Luis Campos a son indépendance et tient à la garder, y compris quand il signe un contrat. Alors quand, le 10 juin 2022 à la mi-journée, le PSG annonce l'arrivée du Portugais, tout est important. Le timing d'abord : en pleine journée, peu après midi, après des semaines d'attente. La forme ensuite : un communiqué du club parisien, posté sur les réseaux sociaux, accompagné d'une photo de celui qui se présente lunettes sur le nez, en costume, visiblement assis, la main gauche au menton et le regard sérieux. Comme s'il était déjà en train de planifier la suite. Il y a les mots, surtout : « Le

Paris Saint-Germain est heureux d'annoncer l'arrivée de Luis Campos en tant que Conseiller Football à compter de ce jour. »

Notez le terme : « conseiller football ». Dans les clubs, particulièrement en France, c'est rarement une fonction officielle. C'est même rarement une fonction tout court. Les conseillers de l'ombre existent bien un peu partout, ils sont parfois agents, proches de joueurs, membres du staff voire intendants. Mais ils n'ont pas un contrat stipulant cette même fonction. Il s'agissait donc d'éclaircir sa tâche. « Luis Campos aura la charge de l'organisation du recrutement et de la performance de l'équipe professionnelle masculine du PSG », précise le communiqué du club, qui loue son « expertise », sa « renommée mondiale ». Soyons très clairs : son rôle ne diffère pas tellement, sur le papier, de celui de directeur sportif.

Leonardo, un départ si discret

Un homme arrive, un autre part. Leonardo, jusque-là directeur sportif justement, va s'en aller dans un anonymat quasi complet. Lui, le grand bâtisseur du PSG version qatarie entre 2011 et 2013, s'était vu signifier son départ par la direction parisienne… le jour même de l'annonce de la prolongation de Kylian Mbappé. Tout sauf un hasard. Car avec le nouveau bail de sa star, le club de la capitale a décidé de revoir entièrement son organigramme. Officiellement pour impulser du sang neuf, adopter une vision nouvelle et redonner du souffle à une équipe qui vient d'achever une saison imparfaite. Officieusement, l'arrivée de Luis Campos, qui n'a pas toujours eu des relations très chaleureuses par le passé avec le président Nasser Al-Khelaïfi, n'est pas le fruit du hasard quand on sait l'importance que va prendre Kylian Mbappé après sa prolongation au printemps 2022. L'attaquant, qui entretient des relations fraîches avec Leonardo, est, comme son entourage, très proche de Luis Campos depuis leur passage commun à l'AS Monaco. Sans aller jusqu'à imaginer qu'ils ont rédigé le contrat de travail du nouvel homme fort de la direction sportive, le camp Mbappé voyait forcément d'un bon œil le recrutement du Portugais. D'ailleurs, au moment de la prolongation du champion du monde, et alors que Leonardo était encore officiellement en poste, Luis Campos était régulièrement chez les Mbappé… au point qu'il n'avait presque plus besoin de s'annoncer avant d'entrer. Difficile de dire que la suite n'était pas prévisible.

Leonardo niera avoir servi de fusible pour convaincre le champion du monde. Ou du moins précisera-t-il qu'il ne veut « pas entrer dans ce genre de choses », soulignant l'importance « d'avoir gardé un joueur de ce niveau, français et parisien ». C'est dans *L'Équipe*, lors d'un entretien fleuve, qu'il tournera publiquement la page de son aventure parisienne, le 16 juin 2022. Il tentera d'y expliquer ses échecs, de défendre son bilan avec un chic à toute épreuve.

Le Brésilien était revenu au club en 2019. Entre son premier départ, en 2013, et son retour, Paris avait trop tâtonné et regrettait le réseau, le flair et la gouaille du Brésilien, à l'expérience et l'attitude très italiennes (treize ans à Milan, ça vous transforme). Mais son deuxième passage aura été moins flamboyant. Convaincre, aller chercher des joueurs qui connaissent à peine le club, faire le show pour se faire connaître : Leonardo sait faire. Mais lorsqu'il est revenu, le travail n'était plus le même. « C'est le regard que les gens portent sur le club qui a changé. Avant, faire venir les joueurs était une mission. Là, il y a la queue », résume Leonardo dans *L'Équipe* au moment de son départ. Il cite deux symboles : la double signature de Zlatan Ibrahimovic et Marco Verratti, le même jour, avec « le jeune de D2 italienne et une star du foot mondial » ; l'arrivée de Lionel Messi. Après ça, tout a changé. Pour le PSG… et pour son métier.

Il ne recueillera pas tous les fruits de ses derniers dossiers. Achraf Hakimi, Gianluigi Donnarumma et Nuno Mendes ne s'installeront véritablement comme des joueurs incontournables qu'après son départ. Reste qu'il part avec le sentiment du devoir accompli. Comme une fatalité. Le clan Mbappé n'est pas étranger à son départ, au moins indirectement puisque la direction du club était prête à beaucoup de choses pour que le joueur et son entourage se sentent bien. Il ne s'étalera pas sur le sujet. Un an plus tard toutefois, au moment de la cassure entre le club et le joueur – quand Kylian Mbappé a annoncé son intention de ne pas activer la clause qui aurait prolongé son contrat d'un an –, Leonardo avait tout de même consenti à donner un avis très clair auprès de *L'Équipe*, le 9 juillet 2023 : « Pour le bien du PSG, je pense que le moment est venu que Mbappé parte, peu importe la manière. Le Paris Saint-Germain existait avant Kylian Mbappé, il existera après lui. Cela fait six ans qu'il est à Paris et sur ces six saisons, cinq clubs différents ont remporté la Ligue des champions, aucun ne comptait Mbappé dans ses rangs. » On a connu plus chaleureux. Il y a plus cash encore : « Avec son comportement ces deux dernières années, Mbappé démontre qu'il n'est pas encore un joueur capable de guider vraiment une équipe. » Entre les dirigeants parisiens et la star du football français, Leonardo avait visiblement rapidement choisi son camp.

Son départ ne sera pas officialisé par le PSG. Il n'y aura pas d'hommage, pas de remerciements publics. « On en a parlé avec le club. Sans doute est-ce ma manière d'être mais je trouve toujours un peu pathétique de dire "merci beaucoup, au revoir". Ce n'était pas important de faire un communiqué », justifiera-t-il dans *L'Équipe*. La direction parisienne aurait pu d'elle-même prendre la décision de faire une annonce. Elle ne l'a pas fait.

Leonardo gardera la classe brésilo-italienne de ne pas blâmer ses anciens dirigeants. « Il n'y a pas de bonne manière de dire que c'est fini », résumera-t-il en remerciant « le Qatar et Paris ». Quoi qu'il en soit, on ne pourra s'empêcher de penser qu'il y a quelque chose d'étrange dans ce départ en catimini.

Luis Campos, l'expert

La page Leonardo tournée, s'ouvre celle de Luis Campos. Le Portugais avait initialement débuté une carrière d'entraîneur : elle restera modeste, intégralement portugaise et s'est achevée en 2005. Ce qu'il préfère, c'est la stratégie, tirer des ficelles pour mettre en place une architecture efficace et qu'il aura entièrement décidée. Ancien recruteur pour le Real Madrid, Luis Campos a surtout expérimenté sa méthode et son habileté à l'AS Monaco, d'abord comme conseiller puis comme directeur technique. Trois ans qui ont marqué le club de la Principauté… mais aussi le football français dans son ensemble. En trois saisons, il construit une équipe qui va éblouir la Ligue 1 et l'Europe du football : Bernardo Silva, Joao Moutinho, Rony Lopes, Fabinho, Thomas Lemar… autant de talents qui feront les beaux jours du club dans les mois qui ont suivi le départ de Luis Campos, en juin 2016 (et qui seront pour la plupart revendus à prix d'or). Un an après, Monaco fête son titre de champion de France et regrettera à peine son élimination par la Juventus en demi-finale de Ligue des champions, après une campagne européenne exceptionnelle par le jeu et les résultats. Dans cette équipe monégasque, un gamin et son entourage ont fait connaissance avec Luis Campos : Kylian Mbappé connaît l'estime que lui porte le bâtisseur portugais, ses proches connaissent son savoir-faire. Ils ne l'oublieront pas.

Sa carrière aurait pu se poursuivre à l'OM. Ce sera finalement Lille, dans les bagages de Gérard Lopez. Déjà connu, avant même son passage sur le Rocher, comme l'un des plus grands dénicheurs de talents de la planète, Luis Campos a offert au LOSC un tout autre visage, dans un contexte financier pas toujours évident et qui vaudra bien des ennuis au patron du club, qui commence à traîner l'étiquette d'investisseur ayant la manie de faire sombrer ses entreprises sportives (Lotus en Formule 1 puis Lille, Mouscron et Bordeaux en football). Il n'empêche qu'au moment de son arrivée dans le Nord, Luis Campos a les moyens ; mais on lui demande surtout d'être malin. Et ça tombe bien, malin il l'est. Entre 2017 et 2020, il va bâtir une équipe qui parviendra à décrocher le titre de championne de France en 2021. Ses profils favoris ? De jeunes joueurs, souvent en post-formation, qui ont un potentiel sportif indéniable pour performer, faire gagner l'équipe, puis être revendus le plus cher possible. Et… parfois issus de l'écurie de Jorge

Mendes (agent superstar qui représente plusieurs grands talents et qui aura lui aussi une importance capitale au PSG, nous en reparlerons). Mais après tout, chaque directeur sportif ou équivalent a ses filières privilégiées et parmi ses grandes réussites lilloises, retenons Boubakary Soumaré, un des piliers du LOSC champion de France, les Turcs Yusuf Yazici et Zeki Çelik, l'expérimenté défenseur portugais José Fonte, Tiago Djalo, Reinildo, Jonathan Ikoné, Luiz Araujo… des noms qui mèneront le club vers le sommet de la Ligue 1. Ajoutons-y – et c'est important pour un club qui traversera tant de difficultés financières par la suite – les ventes exceptionnelles… et polémiques de Victor Osimhen à Naples (75 millions d'euros), Nicolas Pépé à Arsenal (un braquage à 80 millions d'euros, somme hallucinante quand on connaît son échec londonien), Thiago Mendes à Lyon (22 millions d'euros), Gabriel également à Arsenal (26 millions d'euros), Rafael Leao à l'AC Milan (près de 30 millions d'euros)… autant de joueurs révélés au plus haut niveau à Lille et que Luis Campos aura su mettre en valeur, gérant plus ou moins directement leurs transferts par la suite.

Voilà le CV qu'affiche le Portugais en 2022, au moment où Kylian Mbappé accepte de prolonger son contrat au Paris Saint-Germain. À ce moment-là, le numéro 7 du PSG est en position de force. Il est consulté, directement ou indirectement, sur des aspects de la vie du club qui vont au-delà du rectangle vert. Le fait que lui et sa famille considèrent d'un bon œil une nomination de Luis Campos a joué dans la position du PSG. Les relations s'étaient de toute façon distendues entre le PSG et son directeur sportif Leonardo, accusé par les Qataris d'avoir très mal géré le dossier Mbappé. Le Brésilien ne voulait pas tout céder, il s'était braqué et le différend avec le Français était irréconciliable. Sauf qu'à l'époque, Paris ne voulait surtout pas se séparer de sa star. La situation avait fini par devenir limpide : entre Leonardo et Kylian Mbappé, l'un des deux devait partir, et il n'était pas envisageable que ce soit le champion du monde. L'hypothèse Luis Campos avait en outre tout pour séduire les dirigeants du club parisien : un réseau immense, une capacité à dénicher des talents inconnus ou presque, à trouver les bons équilibres pour former un collectif cohérent. Avec un seul petit défaut dans l'esprit d'une direction qui aime, depuis son arrivée à Paris, tout contrôler : la volonté de Luis Campos de garder une certaine indépendance. Mais après tout, les modèles précédents n'avaient pas fonctionné, peut-être fallait-il trouver autre chose…

Une casquette de conseiller plutôt que de directeur sportif

Les négociations entre Luis Campos et le PSG n'ont pas été simples, elles ont même duré plusieurs mois. Elles finiront par aboutir à ce communiqué du 10 juin 2022, officialisant son arrivée. Et donc sa fonction de « conseiller football » plutôt que de directeur sportif. Les mots sont importants : avec cette étiquette, le Portugais s'assure d'être moins dans la lumière et plus libre de ses mouvements. Il n'a pas envie de faire le show dont Leonardo avait le secret, au moins deux fois par an, en zone mixte pour disperser la foule de médias qui s'interroge régulièrement sur les contre-performances du PSG et ses déceptions – soyez assurés que tout journaliste s'est amusé ou désolé de voir le Brésilien pointer le bout de son nez face aux micros à plusieurs reprises, pour expliquer qu'ils faisaient tout un cirque pour pas grand-chose, que les journaux étaient les grands méchants et que les dirigeants parisiens ne se trompaient jamais. Ce n'est pas le genre de Luis Campos. Lui est un bâtisseur, il s'assume comme tel. Il aime chercher, négocier, penser à l'architecture de l'équipe qu'il construit et gérer les éventuels problèmes en coulisses. De l'extérieur, on pourrait presque penser qu'il souffre de la *xeroderma pigmentosum*, dite « maladie de la Lune », qui empêche ceux qui en souffrent de s'exposer à la lumière du jour. Mais dans son cas, ce serait plutôt une allergie à la lumière des caméras.

Et à vrai dire, rien n'est vraiment fait pour l'inciter à prendre la parole publiquement et occuper le devant de la scène médiatique. Au Paris

Saint-Germain plus qu'ailleurs, le moindre mot prononcé pourra être retenu contre vous, même à des années d'écart. De quoi mettre la pression avant une éventuelle sortie devant les micros. À Paris, ce n'est pas sept fois qu'on tourne sa langue dans sa bouche avant de parler, c'est bien plus. Et pour le faire, il faut avoir très souvent l'aval du président du club, toujours très présent malgré un changement de politique et d'attitude sur le sportif dont nous parlerons dans un prochain chapitre. Nasser Al-Khelaïfi n'est pas toujours le plus prompt à partager la lumière quand il s'agit de parler au nom du PSG. Et si les deux hommes décrivent leur relation comme fluide, elle est surtout complexe. Un exemple peut paraître anecdotique mais en dit long : Luis Campos s'était vu proposer de jouer un petit rôle dans le film *Mercato*, réalisé par Tristan Séguéla avec Jamel Debbouze en vedette. Si le long métrage se concentre sur les dessous du football business et notamment sur le rôle des agents et des gens de l'ombre qui gravitent autour des joueurs et des clubs, le conseiller sportif devait simplement incarner un chauffeur de taxi portugais le temps d'une scène. Comme un clin d'œil. Il n'obtiendra jamais le feu vert du PSG. À cette époque, il n'avait pas encore été prolongé et les relations entre les deux parties ne s'étaient pas encore solidifiées comme elles le seront, progressivement, par la suite.

La réussite de Luis Campos est tout de même aussi à mettre au crédit de ceux qui étaient en faveur de sa venue. Notamment deux camps entre lesquels les relations ont été plus que fraîches les mois précédant la venue du Portugais (elles basculeront ensuite dans l'ère glaciaire, comme on l'a vu dans la première partie) : l'entourage de Kylian Mbappé et Nasser Al-Khelaïfi. Le PSG a finalement su exploiter une des recommandations de Kylian Mbappé et de son entourage pour faire évoluer son modèle. Il faut savoir saisir les opportunités quand elles se présentent à vous. Et comme nous venons de le voir, les mots sont importants : vous n'imaginez pas le temps et le nombre de validations qu'il faut pour publier un communiqué de presse dans un club comme celui-ci. Dites-vous donc que chaque mot a été pesé et qu'il est significatif. Dans le document annonçant la nomination de Luis Campos, on lit : « Le club, qui a toujours attiré les plus grands talents du football, bénéficiera des idées, des connaissances et de l'expérience de Luis Campos, pour aider l'équipe à franchir un nouveau palier. » Pas besoin d'une analyse de texte trop poussée pour comprendre que la direction parisienne n'est pas satisfaite du bilan des dernières saisons et qu'elle a pris conscience qu'il faut changer quelque chose dans son fonctionnement. Juste au-dessus, Paris insiste sur la capacité prouvée de Luis Campos à encourager « l'émergence de nouvelles générations de talents devenus depuis des joueurs majeurs du football mondial ». Cette insistance sur les talents neufs, les pépites à repérer, les joueurs à post-former annonce tout ce que Luis Campos finira par mettre en application. Le PSG ne le dira pas aussi ouvertement mais il est bien décidé à renoncer à sa politique vieille de plus de dix ans, celle des superstars, avec leur aura médiatique, leur palmarès et leurs performances passées, mais dont le recrutement ne relève d'aucune véritable logique sportive. Paradoxalement, ce virage plus cohérent footballistiquement parlant sera venu… du départ de la dernière giga star du club, Kylian Mbappé. Au-delà du divorce vite consommé entre l'entourage de Kylian Mbappé (notamment sa mère Fayza Lamari) et le PSG, comme on l'a vu en première partie, une graine a germé dans l'esprit des dirigeants lors de la Coupe du monde 2022 au Qatar : l'émir et son fidèle Nasser Al-Khelaïfi ont vu de leurs yeux une équipe de France remplie de jeunes talents, et ses adversaires aussi. De quoi leur suggérer un changement de cap : attirer des jeunes français et étrangers (notamment portugais) pourrait permettre au PSG de mettre sur pied une équipe compétitive en tirant le rideau sur une politique de stars qui semble désormais appartenir au passé.

C'est sans doute le chemin pour aller chercher des titres à moyen terme, en se passant des exigences sans cesse renouvelées de superstars du football qui finissent par prendre le club en otage.

Luis Campos est, dans l'esprit de l'émir et de NAK, la bonne personne pour cette transition. Même si les échanges étaient parfois vifs entre le président du PSG et son futur conseiller du temps de l'aventure lilloise du Portugais. En avril 2019 par exemple, dans les couloirs du stade Pierre-Mauroy, le ton était monté. Nasser Al-Khelaïfi avait reproché certaines décisions au quatrième arbitre. Furieux, Campos avait répliqué en criant « Pas de pression sur l'arbitre ! Ici ce n'est pas Paris, c'est Lille ! Et Lille mérite du respect ! » Le président parisien avait répondu d'un terrible « Qui êtes-vous ? » que lui avait renvoyé le Portugais. Mais après tout, c'est de bonne guerre quand on défend les intérêts de son club. Et puis les deux hommes apprendront plus tard à se connaître. Ils se vouent aujourd'hui un vrai respect mutuel.

Le début d'une révolution… qui ne prendra pas tout de suite

Une révolution se fait rarement sans heurt. Des tensions, des problèmes à régler, des mauvais choix, il y en aura. Même Luis Campos, dont le génie d'architecte est reconnu, a besoin de prendre ses marques. Lui qui aime tout maîtriser, être au courant de tout, y compris du moindre bruit de vestiaire, imposera sa patte dès le début avec un changement d'entraîneur. Le style Mauricio Pochettino n'a jamais pris à Paris. Les dirigeants parisiens voyaient en lui l'ancien joueur du club qui avait su créer un collectif cohérent avec un jeu identifié à Tottenham, finaliste inattendu de la Ligue des champions en 2019 avec des joueurs comme Harry Kane, Dele Alli, Christian Eriksen, Son Heung-min, Moussa Sissoko, Kieran Trippier… un savant mélange de nationalités et de jeunes talents, pour certains formés au club, qui a abouti à une vraie cohérence sportive. Une magie que l'Argentin n'a pas su retranscrire à Paris. Il n'avait ni les codes ni les soutiens nécessaires en interne pour réellement s'imposer. C'était sans doute le mauvais profil, arrivé au mauvais moment, dans un vestiaire composé de stars qui, pour certaines, n'avaient pas envie de s'oublier individuellement au service du collectif. Il avait en outre fallu gérer une cohabitation tout sauf simple entre Lionel Messi, Neymar, Kylian Mbappé et les egos de chacun. Un traquenard pour celui qui, après un passage décevant sur le banc de Chelsea, est désormais sélectionneur des États-Unis en vue de la Coupe du monde 2026.

C'est donc Christophe Galtier qui va lui succéder. Les deux hommes ont travaillé ensemble à Lille : le technicien français sait ce qu'il doit au Portugais dans la conquête du titre de champion de France en 2021 ; Luis Campos garde un très bon souvenir de la collaboration avec l'ancien entraîneur de Saint-Étienne. Christophe Galtier vit alors une saison galère à Nice, où il avait signé un contrat de trois ans : une cinquième place en Ligue 1, une finale de Coupe de France perdue face à Nantes et beaucoup d'ennuis en interne, dont certains seront révélés en marge de la procédure pour harcèlement et discrimination (notamment envers des joueurs musulmans) qui ira jusqu'à un procès à l'issue duquel il sera relaxé en décembre 2023.

Les dirigeants qataris rêvaient de Zinédine Zidane pour devenir le nouvel entraîneur du Paris Saint-Germain. « Il ne faut jamais dire jamais », avait lâché le champion du monde 1998 au plus fort des rumeurs. Mais son envie de devenir sélectionneur de l'équipe de France après Didier Deschamps a freiné toute tentative. Et ses origines marseillaises ont pu jouer. Luis Campos, dont le choix numéro 1 était Christophe Galtier, a convaincu le club de lui faire confiance. Encore une fois, tout est là : abandonner cette politique de stars pour construire un projet cohérent. D'ailleurs, pour l'anecdote, ce leitmotiv se traduira aussi progressivement dans les tribunes, avec moins de passe-droits accordés aux VIP qui, par le passé, foulaient si souvent la pelouse du Parc des Princes avant les matchs. Une cohérence dans le projet, du vestiaire aux bureaux, du sportif au marketing.

En septembre 2022, Luis Campos est dans le studio RMC pour une interview longue et surtout très cash. À propos du choix de l'entraîneur, il confie : « Quand le président m'a invité à reprendre ce poste, la première chose que j'ai faite, c'est appeler Christophe Galtier, avant même d'appeler ma femme et ma mère. Je connais ses valeurs, ses capacités, ce qu'il peut apporter. On peut faire un travail ensemble. On a une grande mission. Quand le directeur sportif est bien associé à l'entraîneur, on gagne beaucoup de temps. Dans un club comme ça, il faut gagner vite. Et pour gagner vite, il faut avoir les personnes correctes proches de nous. Je me suis toujours bien entendu avec Christophe Galtier. »

Pour bâtir ce nouveau projet que tous – dirigeants, supporters, journalistes et même joueurs – appellent de leurs vœux, Luis Campos a besoin d'un environnement apaisé et de relations de confiance. En haut, avec ses dirigeants, en bas, avec l'entraîneur et le vestiaire. Le choix de Christophe Galtier lui offre immédiatement ce cadre : il sait que le coach français n'aura pas d'exigences excessives, qu'il sera dans le dialogue et lui fera confiance quant au choix des futures recrues. Dans tous les cas, Galtier n'est pas en position d'imposer quoi que ce soit, mais il sait que Luis Campos a l'œil et l'expertise pour élire les bons profils et qu'il le fera en sondant les besoins du terrain. C'est donc dans ce contexte que le conseiller football va faire ses premiers pas au PSG. Un club parisien qui a décidé – et cela faisait partie des négociations dès le départ – de lui faire pleinement confiance et de lui accorder du temps. Une révolution dans une institution qui a souvent manqué de patience et qui sait qu'il lui faut désormais miser sur un temps plus long.

Les dirigeants auraient pu s'agacer devant le bilan de cette première saison de l'ère Luis Campos. Premier chantier : le mercato estival. Une fenêtre de transferts sous pression. Car au-delà des manques de l'équipe à combler, le PSG a fait des promesses à Kylian Mbappé au moment de sa prolongation. Parmi eux, le départ de Neymar et l'arrivée de Robert Lewandowski, censé occuper le rôle de pivot que le Français n'affectionnait pas à cette époque. Le Brésilien ne partira pas cette saison, le Polonais ne viendra pas et préfèrera rejoindre le FC Barcelone. Double coup dur. En coulisses, Mbappé se sent trahi, piégé, trompé. Mais Luis Campos, qui se retrouve souvent pris en étau entre son employeur et la star, tente d'arrondir les angles et de calmer l'attaquant français, qui se remet dans le bain, concentré sur les objectifs sportifs de l'équipe. Reste que le mercato déçoit. À Paris, on est habitué au clinquant. Cet été-là, pas de star mais des recrues prometteuses qui feront leurs preuves plus tard : Vitinha et Nuno Mendes arrivent, tout comme un autre Portugais, Renato Sanches. Du côté des jeunes s'ajoute aussi

Hugo Ekitike, prêté par Reims. Il y aura un peu plus d'expérience avec Nordi Mukiele et Carlos Soler, davantage encore avec Fabian Ruiz. Mais la fournée de l'été 2022 ne convainc pas. D'autant qu'il y a des manques évidents : pas de vrai numéro 9, peu ou pas de solutions sur les ailes, un secteur défensif un peu juste et un manque d'options au milieu de terrain… « On arrive en fin de mercato, sans l'équilibre parfait. On a une énorme qualité dans l'effectif, pas de doute. Après, au final, on n'arrive pas à la perfection », admet un Luis Campos sans concession sur RMC en septembre. « C'est toujours difficile d'avoir la perfection. Mais on travaille pour être le plus proche possible de la perfection. C'est un grave problème pour nous. Quand on a trois défenseurs centraux alors qu'on a commencé à jouer avec trois défenseurs centraux, ça nous met en difficulté. »

Assumer oui, mais pas tout. Surtout pour quelqu'un arrivé en juin pour conduire la politique sportive, et donc à une période à laquelle les clubs ont généralement déjà avancé sur les dossiers prioritaires du mercato. On ne saurait donc dire que cette fenêtre des transferts incombe uniquement à Luis Campos, qui a hérité du travail de ses prédécesseurs les mois précédents. Lors de ce mercato, l'ombre d'Antero Henrique plane alors toujours, et ça ne plaît pas au nouveau conseiller du PSG. Directeur sportif du PSG entre 2017 et 2019 avec un bilan modeste du côté des achats mais surtout des ventes (à une époque où Paris souhaitait faire du ménage), il reste en lien avec les dirigeants parisiens depuis le Qatar, où il exerce. Et traîne dans les pattes d'un Luis Campos qui tient à avoir la main. Henrique est censé s'occuper des ventes. Ce qui lui donne un indéniable pouvoir sur son compatriote Campos pour les injections d'argent frais à investir sur des achats de joueurs. Mais l'idée du duo tombe à l'eau : la mésentente entre les deux hommes est connue de tous, la confiance n'est pas là. Ajoutons qu'à l'époque, Campos exerce aussi d'autres fonctions sur la planète football, par exemple en tant que conseiller du RC Celta en Espagne ; un cumul que lui autorise son contrat parisien. Cette double casquette n'est pas comprise de tous au club. Certains lui en font le reproche quand les résultats ne vont pas dans le bon sens. La mission de Campos au Celta s'arrêtera en décembre 2023.

Cette interview très cash à RMC en 2022, Nasser Al-Khelaïfi ne l'apprécie guère. Le président du PSG ne réagira pas officiellement. Et au sein du club, on fait comme si de rien n'était. Mais en privé, le dirigeant est furieux de voir un collaborateur critiquer publiquement le fonctionnement de son club. Quelques jours plus tard, Paris affronte l'Olympique lyonnais. Un match qui se soldera par une victoire 1-0. Mais en coulisses, ça chauffe entre Nasser Al-Khelaïfi et Luis Campos. Le conseiller est convoqué en marge de la rencontre pour se faire sermonner. Le dirigeant lui balance alors tout le mal qu'il a pensé de son intervention, lui expliquant en substance être sidéré que quelqu'un qui vient d'arriver au PSG puisse s'autoriser autant de critiques. S'il n'avait pas compris qu'il fallait se faire discret, le Portugais a reçu une bonne piqûre de rappel. L'explication aura au moins eu le mérite de permettre aux deux hommes de repartir du bon pied. Antero Henrique, lui, sera écarté.

Un mercato insuffisant, un groupe pas assez étoffé, une guerre d'egos dans le vestiaire avec des superstars qui n'ont pas toutes un rendement suffisant, un Kylian Mbappé à qui on a promis la toute-puissance et qui se sent manipulé, un entraîneur qui découvre ce niveau d'exigence… c'est beaucoup pour un seul club. Surtout quand celui-ci a été habitué à la fois aux belles réussites nationales et aux vents contraires sur la scène européenne. L'art de Luis Campos sera pourtant de parvenir à obtenir du temps. Et cette patience de la direction finira par payer près de deux ans plus tard.

Un politique qui place ses pions et qui impulse de grands changements

Luis Campos n'est pas un simple directeur sportif qui gère le quotidien d'un club de football. Son rôle officiel de « conseiller » dit tout de son art politique. Ne serait-ce qu'un ou deux ans en arrière, le Portugais n'aurait peut-être pas bénéficié de la même patience, que certains nommeront clémence. Mais le modèle passé n'est plus : le PSG est désormais largement installé dans la hiérarchie européenne, sa renommée mondiale n'est plus à faire – sur l'année 2024, le PSG était le troisième club européen ayant dégagé le plus de revenus, derrière le Real Madrid et Manchester City – et les joueurs se bousculent pour rejoindre le club. Aujourd'hui, Paris n'a plus besoin de se faire connaître. Il n'en est plus au volet médiatique et commercial. Le club a surtout envie et besoin de s'installer durablement sur le plan sportif. Cela passe évidemment par la Ligue des champions – obsession parisienne, même si nous verrons que le discours a beaucoup changé sur ce plan – et sur son attitude sur le marché des transferts. Luis Campos va donc déployer ses méthodes en ce sens. Notamment sa capacité à innover. À Lille déjà, il était un des rares directeurs sportifs à scruter de près les jeunes en fin de contrat aspirant et qui n'avaient pas encore signé pro. C'est comme ça que le LOSC a pu récupérer Boubakary Soumaré.

Un des principaux chantiers du Portugais concernera les contrats, avec la mise en place d'un modèle qui se rapproche du système contractuel allemand. Depuis la saison 2023-2024, l'idée des nouveaux contrats signés – pour les recrues mais aussi pour les prolongations – est d'avoir une partie du salaire indexée sur les performances et le nombre de matchs. Sur ce point, le PSG, qui n'a jamais opté pour un système de primes de match comme ailleurs et se contente de récompenser les trophées, a également appris de ses erreurs passées. D'autant qu'avec les salaires versés, la direction estime que les joueurs ont pour obligation absolue de marcher sur la Ligue 1, de faire forte impression à chaque match. Et toucher au salaire peut amener une motivation supplémentaire pour que les joueurs restent impliqués, quel que soit le match, l'enjeu et la compétition disputée. La dérive à laquelle Paris souhaite mettre fin ? Les joueurs qui touchaient des salaires extrêmement confortables à plusieurs millions d'euros annuels, qui jouaient moins voire pas du tout parce qu'ils ne rentraient pas dans les plans de l'entraîneur mais qui faisaient en sorte de rester parce que le compte en banque continuait à être alimenté comme s'ils étaient titulaires. Le cas Layvin Kurzawa avait ainsi désespéré la direction parisienne.

Certains joueurs sont encore réfractaires à l'idée d'inclure une part variable à leur salaire. C'est notamment ce qui a ralenti les discussions pour la prolongation de Gianluigi Donnarumma, le gardien italien ayant vite compris que Luis Campos se montrerait inflexible. Son agent a beau être réticent, le PSG a changé de posture depuis deux ans. Les dérives contractuelles du passé ont trop longtemps coûté cher, hors de question de retomber dans ces travers. Hors de question aussi de faire des exceptions pour certains cadres, tout le monde doit être logé à la même enseigne. N'étant pas certains que l'ancien milanais allait accepter de prolonger à ces conditions, les dirigeants ont sérieusement envisagé le recrutement de l'international français Lucas Chevalier. Le club a trop compris à quel point la question des salaires peut créer une hiérarchie néfaste dans le vestiaire. La rémunération donne au joueur l'impression d'un miroir qui reflète son statut. Avec l'impression que plus un joueur a un salaire élevé, plus il bénéficiera de passe-droits et plus sa voix portera. Un sentiment qui n'est pas propre au PSG et se perçoit dans bien des vestiaires en Europe mais qui peut agir comme une gangrène qui contamine les esprits. Avant de prolonger en février 2025, Nuno Mendes percevait un salaire bien plus bas que beaucoup de ses coéquipiers : ce n'était pas seulement une question d'argent mais surtout de reconnaissance.

Pour passer un nouveau cap sportivement, un an ne suffit pas. Il faut installer un réel projet footballistique. Pour cela, même s'ils ne l'avoueront pas, les dirigeants qataris ne peuvent ignorer ce qu'a entrepris et réussi le rival Manchester City. Un adversaire footballistique mais aussi géopolitique. D'un côté les Émirats, de l'autre le Qatar. Deux États qui veulent gagner en influence sur la scène internationale et qui ont choisi le football, entre autres, pour y parvenir ; l'Arabie saoudite les a depuis rejoints sur ce terrain du sport, après avoir privilégié d'autres voies, notamment les nouvelles technologies. Là où le PSG a opéré un large turnover de joueurs et d'entraîneurs, le club mancunien a opté lui pour la stabilité. En 2012, un an après l'arrivée des Qataris à Paris, « Txiki » Begiristain est nommé directeur du football (une sorte de directeur sportif XXL) par Manchester City. Il avait auparavant occupé des fonctions similaires au Barça. Il restera en poste chez les Skyblues… jusqu'à la fin de la Coupe du monde des clubs 2025. Une longévité devenue une incroyable rareté dans le football européen. Tout sauf un hasard : les dirigeants de Manchester City rêvaient déjà de Pep Guardiola, qui allait d'abord passer par la case Bayern, et avaient en tête sa réussite barcelonaise, que ce soit dans les trophées, dans le jeu ou dans la capacité à fédérer. Les bases étaient posées. Le projet ne décollera qu'avec l'arrivée de l'entraîneur en 2016. Avec pour leitmotiv l'indépendance : des moyens illimités oui, comme au PSG, mais surtout la main sur les choix sportifs en termes de recrues, de jeu à déployer, de communication. L'important est de progresser, c'est à ce prix que viendront les victoires et la gloire. Le résultat, tout le monde le connaît : six titres de champion d'Angleterre, plusieurs Coupes d'Angleterre et de la Ligue, et surtout cette fameuse

Ligue des champions, conquise en 2023. Le club britannique, qui a largement rattrapé son retard sur son voisin et rival Manchester United, avait été racheté en 2008 par la société d'investissement Abu Dhabi United Group. On dira donc que City a trois ans d'avance sur le projet parisien. La direction du PSG a de toute évidence observé avec attention l'évolution mancunienne. C'est aussi l'une des clés des succès qui vont suivre : essayer de ne pas refaire les mêmes erreurs en s'inspirant de ce qui se fait de mieux.

L'un des principes qui a fini par payer à Manchester City est la stabilité, à partir du moment où l'on considère avoir misé sur les bons chevaux. Paris a mis du temps à identifier les profils les plus adaptés, dans leur talent, leur complémentarité et leur capacité à affirmer un modèle. Le choix de Luis Campos répond à ces critères. La réussite n'est jamais garantie mais l'intention est là.

À la fin de la saison 2022-2023, l'heure est au premier bilan. Le constat n'est pas parfait et tout le monde au club s'accorde à dire qu'il y a de nouveaux changements à opérer. Les ajustements se feront prioritairement sur deux plans. Le premier concerne l'entraîneur : la greffe n'a pas pris avec Christophe Galtier, qui aura sans doute lui-même compris qu'il était encore un peu tendre pour s'affirmer dans un tel club, surtout quand celui-ci décide de changer de modèle. Le président du PSG, Nasser Al-Khelaïfi, a traversé les tempêtes sans jamais être remis en cause par les financiers qataris et, nous le verrons plus tard, a su s'affirmer dans l'univers du football européen et mondial au point d'être désormais presque indéboulonnable. Luis Campos, arrivé un an plus tôt, correspond trop au projet visé pour être débarqué. Sa proximité avec les Mbappé est également stratégique pour les patrons du club, au moment où les dirigeants, Nasser Al-Khelaïfi en tête, font tout pour séduire Kylian Mbappé et le convaincre qu'un nouveau projet, dont il sera l'épicentre, se monte et lui permettra de s'épanouir. Ce sera donc Christophe Galtier le principal fusible. Jugé trop laxiste avec les stars – difficile de manager Lionel Messi, Neymar et Kylian Mbappé avec leur aura, leur talent mais aussi leurs défauts. L'entraîneur français n'avait pas la poigne pour gérer pareil vestiaire. Peu de coachs le pourraient d'ailleurs.

Le technicien français, qui n'était en outre pas assez affirmé tactiquement pour emporter les supporters avec lui, a donc été débarqué par sa direction. Luis Campos lui a signifié son départ imminent dès la dernière journée de championnat. Il partira avec des indemnités de plus de sept millions d'euros. Preuve qu'il n'y avait pas de rancœur mais la simple conscience d'un mauvais choix initial, le Qatar lui offrira un rebond au sein du club d'Al-Duhail, sans jamais le lâcher, y compris pendant son procès à Nice. Il a même figuré dans la short-list pour prendre la tête de la sélection nationale du Qatar.

Le 5 juillet 2023, après de longues semaines de négociations (notamment sur la constitution du staff), Luis Enrique est nommé entraîneur du Paris Saint-Germain. Il y avait plusieurs prétendants en plus de l'Espagnol, notamment José Mourinho, Julian Nagelsmann et Xabi Alonso. Le Portugais ne faisait pas l'unanimité malgré le fait qu'il soit représenté par Jorge Mendes – agent dont les liens avec le PSG sont si forts – et qu'il connaisse depuis très longtemps Luis Campos. D'ailleurs, le « Mou » restera amer envers ce dernier, lui reprochant de ne pas avoir suffisamment œuvré pour sa venue à Paris. Pour ce choix stratégique, il n'y avait pas de place pour les sentiments. Julian Nagelsmann, qui avait sorti le PSG en huitième de finale de la Ligue des champions avec le Bayern Munich, était libre. Il a même été question qu'il forme un ticket avec Thierry Henry en adjoint. L'Allemand, qui prendra finalement les rênes de la sélection de son pays, est jeune (35 ans à l'époque), a des idées de jeu bien définies et fait partie de la nouvelle génération des entraîneurs promis à un grand avenir. Son caractère bien trempé, qui lui a valu la fronde d'une partie du vestiaire au Bayern, comme certaines de ses prétentions en termes de salaire et de composition de son staff vont freiner sa candidature. Enfin, Xabi Alonso sortait de trois saisons pleines de promesses avec le Bayer Leverkusen ; mais il rêvait déjà du banc du Real Madrid, qu'il rejoindra en juin 2025. Luis Enrique, lui, coche toutes les cases. Identifiée par Luis Campos, qui va s'entretenir avec lui à de nombreuses reprises, sa candidature est validée par le président du PSG, qui n'a pas oublié le souvenir douloureux de la remontada du Barça en 2017 mais est touché par son histoire personnelle et convaincu par ses idées. L'Espagnol veut le contrôle total et la maîtrise des choix sportifs. Il ne veut pas d'interférence et sur ce point-là, il aura toujours gain de cause, à l'exception de l'épisode de la mise à l'écart de Kylian Mbappé à l'été 2023, qu'il ne souhaitait pas. Par la suite, il n'y aura pas d'autre hic de ce type. Une particularité par rapport à ses prédécesseurs qui s'explique en grande partie par le nouveau rôle endossé par Nasser Al-Khelaïfi, que nous détaillerons dans un prochain chapitre.

Luis Campos a validé ce profil, qui a pour lui le prestige (Luis Enrique a tout gagné avec le FC Barcelone), l'expérience d'un gros vestiaire avec des egos, la capacité à encaisser la pression en interne comme en externe et une volonté d'installer ses principes de jeu. Il a du caractère et sera moins docile que ses prédécesseurs. Mais cela ne fait pas peur au conseiller portugais. Les deux hommes tisseront une relation qui n'évitera pas toujours de petits désaccords mais sera constamment empreinte d'un grand respect pour le travail et le talent de l'autre. Et le sentiment que la tâche sera plus simple si tout le monde va dans le même sens.

La purge de l'été 2023

Tandis que Luis Enrique s'installe à Paris, il faut désormais songer aux ajustements à apporter à l'effectif. On parle certes de recrues potentielles ; mais la priorité, ce sont les départs. En fin de contrat, Lionel Messi part sans avoir tenté de rester. Il aurait souhaité poursuivre sa carrière en Europe, dans un club très compétitif, en vue notamment de la Coupe du monde au Qatar, mais peu d'autres clubs auraient pu répondre à ses envies sportives et ses prétentions salariales en dehors du PSG. Il est désormais tourné vers une nouvelle vie, qui s'écrira aux États-Unis avec l'Inter Miami. Même si tout le monde reconnaît son génie, il ne manquera ni dans le jeu ni dans le vestiaire.

Un autre cas s'annonce plus délicat à gérer : Neymar, dont le départ avait été annoncé en interne, notamment à l'entourage de Kylian Mbappé, un an plus tôt. Une saison de plus ne lui aura pas permis de faire taire les critiques. Son entente avec le Français est devenue désastreuse. Depuis qu'ils se sont chamaillés pour tirer un penalty le 13 août 2022, quelque chose s'est cassé entre eux, malgré les déclarations mutuelles de respect. Ses blessures récurrentes, engendrant des saisons hachées, ont fini par lasser tout le monde. La magie des pieds du Brésilien manquera, en match comme à l'entraînement où il pouvait anesthésier une séance par son talent, rendant ses coéquipiers eux-mêmes spectateurs, mais ce talent fut visible avec tant de rareté que se défaire du joueur, de son ego, de sa vie extrasportive et de son entourage sonnera comme un ouf de soulagement général.

Luis Campos, qui avait expliqué un an plus tôt que le départ de Neymar n'avait pas été envisagé, est en première ligne pour mener à bien cette sortie. Il s'est lui-même rendu compte, quelques mois auparavant, que la situation avait atteint un point de non-retour. Notamment après une défaite 3-1 contre Monaco, en février 2023 : une discussion virulente – allons jusqu'à parler de dispute – a éclaté entre Neymar et lui. Luis Campos, dont le rôle quotidien est d'assurer l'intégrité du groupe et la bonne communication entre joueurs et staff, a d'abord poussé une soufflante dans le vestiaire à la pause. Le Portugais a remis ça à la fin du match, pointant, au-delà des mauvais choix, un manque d'investissement défensif et d'agressivité de certains. Neymar et Marquinhos s'étaient sentis atteints voire directement visés. Le ton était vertement monté. Même certains membres du staff en avaient été étonnés. Conflit avec Mbappé, manque d'investissement sur le terrain et en récupération, blessures récurrentes et communication pour le moins maladroite… le constat est sans appel : il n'y a plus d'autre issue possible que le départ.

Après une tournée d'été au Japon et en Corée du Sud, le retour dans la capitale est mouvementé pour les « indésirables ». La deuxième semaine du mois d'août 2023 s'avère particulièrement animée et riche en rebondissements. Un cadre du groupe dira, dans un sourire, qu'il vient s'entraîner mais qu'il attend aussi avec impatience la suite de la *telenovela*. Dans les faits, on n'en est pas très loin. Neymar a vite compris qu'il n'entrait plus dans les plans de son coach. Le mardi 8 août, soi-disant touché au niveau de l'adducteur, le Brésilien ne participera pas à la séance. Son comparse Marco Verratti, avec qui une proximité s'est installée au fil des mois, n'est pas non plus sur l'une des pelouses du Campus PSG. Au club, on explique qu'il a été touché par un virus : une formule qui, lorsqu'elle est employée de la sorte, désigne neuf fois sur dix une blessure diplomatique. Les deux joueurs resteront en salle. Le lendemain, la Ligue de football professionnel organise un shooting photo au centre d'entraînement des Parisiens pour réaliser des images servant notamment à illustrer les buts dans les stades tout au long de l'année. En arrivant au Campus, les joueurs poussés vers la sortie par la direction comprennent vite qu'ils ne vont pas poser devant les objectifs. À la place, Juan Bernat, Carlos Soler, Hugo Ekitike, Renato

Sanches mais surtout Neymar et Marco Verratti sont reçus par le duo Campos-Enrique. Dans une ambiance de cour d'école, où chacun passe dans le bureau du proviseur pour connaître sa sanction avant de débriefer avec les copains dans les couloirs flambant neufs du centre d'entraînement. Les deux Luis expliquent brièvement aux intéressés que leurs bulletins scolaires ne sont pas à la hauteur et qu'ils ont jusqu'à la fin du marché des transferts pour changer d'établissement. Le verdict passe mal, notamment pour « Petit hibou » Marco Verratti, qui se voyait bien rester. Neymar, lui, ne tombe pas des nues, il se savait sur la sellette, bien que son match en Corée du Sud face au Jeonbuk Hyundai Motors ait été la seule satisfaction de cette tournée assez terne.

Sa collaboration avec Luis Enrique durant trois saisons au Barça (2014-2017) ne le sauvera pas. Le technicien espagnol est très bien placé pour connaître le talent de celui qui a été l'un des grands artisans de sa première Ligue des champions remportée avec le Barça en 2015. Mais à Paris, il veut construire une équipe avec sa propre philosophie et des lieutenants prêts à la défendre. Ce qui implique des caractéristiques bien définies sur et en dehors du terrain. Neymar ne rentre pas dans le cadre. Il est écarté. Jeudi 10 août, le Brésilien et Marco Verratti, qui savent qu'ils vont partir, reprennent l'entraînement, comme si de rien n'était. L'ambiance est tendue et chaque contact peut allumer une étincelle. Le lendemain, Neymar ne s'entraîne pas : le club parle d'un syndrome viral qui l'oblige à s'entraîner en salle. Encore une fois, le coup du virus. Verratti comme Neymar ne seront pas dans le groupe pour jouer le samedi contre Lorient. Une attraction médiatique de plus ce soir-là au Parc des Princes, en plus des réunions entre Nasser Al-Khelaïfi et Kylian Mbappé. Le sort de Neymar se joue en coulisses : un accord est trouvé entre le PSG et Al-Hilal pour le transfert du Brésilien. Le président du PSG l'annoncera en exclusivité au camp Mbappé. Dans l'esprit de Nasser Al-Khelaïfi, ce départ de l'ancien Barcelonais émane d'une volonté de Kylian Mbappé et de son entourage… lesquels nieront toujours l'avoir formalisé ainsi. Mais le signal est clair : désormais, le projet porte le nom de Kylian. Cela ne durera que quelques mois. Le lendemain, le Français retrouvera le groupe de Luis Enrique en sortant du loft.

Le 15 août 2023, Neymar rejoint officiellement Al-Hilal, en Arabie saoudite, club coaché par le Brésilien Jorge Jesus et qui a déjà séduit Kalidou Koulibaly, Sergej Milinkovic-Savic ou Ruben Neves. Une aubaine : Paris récupère 90 millions d'euros avec ce transfert, une somme inespérée. Le Brésilien touchera lui un salaire annuel de 100 millions d'euros qu'aucune autre destination n'aurait pu lui offrir. Il jouera… sept matchs. « En six saisons dans la capitale, l'international brésilien aura marqué l'histoire du club. Le Paris Saint-Germain remercie Neymar, une légende du club », écrit le PSG dans un communiqué dans lequel Nasser Al-Khelaïfi saluera le joueur chaleureusement. Timing, profil, compatibilité, incertitude physique… le passage de Neymar au PSG laissera d'immenses regrets. L'exfiltration de Neymar est un soulagement pour Luis Enrique, qui est arrivé d'emblée avec un discours très collectif pour réclamer un groupe uni, des joueurs qui travaillent les uns pour les autres au service du jeu que l'Espagnol souhaite mettre en place.

Le cas de Marco Verratti, transféré à Al-Arabi SC au Qatar, donnera lieu à une scène cocasse : une fois le départ de Neymar – dont il était devenu trop proche au goût de certains – acté, ceux qui poussaient pour lui montrer la sortie… ont brusquement changé d'avis et souhaiteraient désormais le voir rester. Comme si, dans leur esprit, le Brésilien exerçait une influence néfaste sur l'Italien. À la lumière des matchs de préparation, au moins deux cadres vont même sonder discrètement, de manière indirecte, la direction pour savoir s'il existe une possibilité de voir le milieu de terrain rester dans la capitale. Rien n'y fera : Luis Enrique se montre inflexible et la suite lui donnera raison. Même s'il faut pour cela faire partir l'un des chouchous des supporters. Marco Verratti, figure appréciée, restera proche du président Nasser Al-Khelaïfi, avec qui il joue d'ailleurs régulièrement au padel au Qatar. Le petit de Pescara aura déployé son immense talent et son sens du spectacle, avec son sourire et son charme italiens. Mais lui aussi aura été rattrapé par une hygiène de vie pas toujours optimale et sans doute moins d'envie de se faire mal au quotidien.

Mauro Icardi, parti en prêt un an plus tôt, est définitivement transféré à Galatasaray ; Julian Draxler, Georginio Wijnaldum, Leandro Paredes quittent aussi la capitale. Le vestiaire est, aux yeux de tous, assaini. On serait tenté de parler de purge des errances passées pour se projeter sur l'avenir. Cela passera par un premier mercato commun entre les deux Luis, qui vont aussi composer une saison avec Kylian Mbappé, à qui il reste un an de contrat.

2

Luis Enrique ou la réussite d'un nouveau modèle à Paris

Il aura fallu patienter pour avoir enfin l'annonce officielle de l'arrivée de Luis Enrique. Il est donc nommé dans un contexte de préparation du mercato déjà bien avancé. Mais il va mettre sa touche aux dossiers en cours. Luis Campos et lui échangeaient déjà depuis plusieurs semaines sur les manques de l'effectif, les besoins immédiats à combler, les envies et l'adéquation de chaque joueur au style de jeu et à la discipline réclamés par le technicien espagnol. Reste qu'il faut un peu de temps pour poser ses valises et s'apprivoiser. Un temps qui manquera inévitablement, au moins un peu, au duo pour ce premier mercato estival en commun.

Les ventes de Neymar ou Marco Verratti vont injecter un peu de cash dans les finances du club, qui vont aussi bénéficier des départs de ces gros salaires – auxquels il faut ajouter celui de Lionel

Messi. Mais le moins que l'on puisse dire, c'est que le Paris Saint-Germain ne va pas lésiner sur les dépenses. Sur la fenêtre des transferts de l'été 2023, ce sont plus de 400 millions d'euros qui vont être mis sur la table. Certains investissements s'avéreront, aux yeux de tous, particulièrement pertinents. Mais il n'y a jamais de 100 % dans le recrutement et plusieurs gros chèques donneront l'impression, au-delà d'une surévaluation initiale de quelques joueurs, d'être partis en fumée. Au global, on notera toutefois un rééquilibrage important d'un collectif qui, le club le savait depuis un an, affichait clairement des manques.

Pour le mercato, Luis Campos aime l'anticipation. Le Portugais prépare généralement plusieurs mois à l'avance la fenêtre des transferts, en identifiant souvent trois profils possibles par poste visé : une façon d'avoir deux solutions de repli en cas d'échec du plan A. Pour l'été 2023, la configuration n'était pas idéale pour le conseiller sportif du président, qui a dû préparer son plan avant même le choix du nouvel entraîneur. Ce qui pourra expliquer quelques échecs sur ce mercato. Alors que Luis Enrique n'avait pas encore signé, Luis Campos avait par exemple déjà bouclé l'arrivée de Manuel Ugarte (un pari à tout de même 60 millions d'euros mais le Sporting, comme d'autres clubs portugais, est dur en affaires). Pas vraiment un profil qu'aurait choisi l'entraîneur espagnol : le joueur ne collera d'ailleurs pas complètement avec l'identité de jeu visée par l'ancien coach du Barça, qui lui reproche un manque de qualité dans la conservation du ballon. Et avoir la possession, pour Luis Enrique, c'est primordial. Il se produira un problème similaire avec Milan Skriniar, arrivé gratuitement de l'Inter Milan, d'accord avec le PSG depuis janvier et que l'entraîneur verra, dès le départ, comme une solution de secours très temporaire en défense.

La priorité se situait en tout cas sur la ligne arrière : un an plus tôt, tous avaient unanimement reconnu qu'il manquait au moins un défenseur central dans le collectif parisien et Luis Enrique réclamait en prime de pouvoir potentiellement jouer dans un système à trois défenseurs. Au-delà de Milan Skriniar, Lucas Hernandez, en qui son nouveau coach voit aussi la possibilité de jouer en charnière centrale d'une défense à quatre ou dans un rôle de latéral, arrive du Bayern Munich pour 45 millions d'euros. Au milieu, en plus d'Ugarte, le polyvalent Lee Kang-in (22 millions d'euros, arrivé de Majorque) est censé apporter plus d'options à Luis Enrique.

Devant, l'arrivée la plus notable est celle d'Ousmane Dembélé. Le joueur est recruté d'abord pour son talent, reconnu unanimement, mais aussi pour renforcer la fibre tricolore du vestiaire, un souhait identifié de très longue date par les dirigeants. Son prix : 50 millions d'euros. Assez peu cher pour un champion du monde qui a de l'or dans les (deux) pieds depuis tout jeune et qui débarque en pleine force de l'âge (26 ans à l'époque) ; mais avec un facteur risque lié à son physique : le Barça, qui l'avait recruté pour un pont d'or après le départ de Neymar, n'en a profité en moyenne que quatre mois par saison avec l'accumulation de multiples blessures. Mais l'ancien Rennais mourait d'envie de venir à Paris et a changé beaucoup de choses dans son organisation quotidienne et son hygiène de vie globale pour mettre ses pépins corporels derrière lui. Il était surtout vivement souhaité par l'émir du Qatar, grand fan du joueur et qui voulait en faire un symbole de renouveau. Un autre Barcelonais aurait pu venir : en ce même été 2023, le fraîchement nommé Luis Enrique a tout fait pour attirer Gavi. Formé au Barça, l'Andalou est représenté par le même agent que l'entraîneur, Ivan de la Pena. Mais si le milieu offensif, né en 2004, était prêt à venir à Paris, la pilule aurait été trop dure à avaler pour le FC Barcelone, déjà agacé par la tournure du départ d'Ousmane Dembélé.

Le prometteur Bradley Barcola arrive lui de Lyon, après quelques remous chez les supporters de l'OL, pour 45 millions d'euros. Et puis il y a le problème du numéro 9. Un an plus tôt, Kylian Mbappé pensait voir débarquer Robert Lewandowski. Pas de Polonais pour s'ajouter à Hugo Ekitike, arrivé en prêt un an plus tôt et dont l'option d'achat a été levée, mais un Portugais,

Gonçalo Ramos, sous la forme d'un prêt payant du Benfica Lisbonne avec option d'achat quasi obligatoire à 65 millions d'euros. Cher pour un petit CV mais l'attaquant est prometteur et offre une possibilité de plus-value à la revente (surtout quand on a 22 ans). Il a aussi pour agent un certain Jorge Mendes, dont on étudiera les connexions avec Luis Campos et le PSG dans un prochain chapitre. Et puisqu'on parle d'agent, un autre homme place un poulain étiqueté numéro 9 : Moussa Sissoko, agent de Randal Kolo Muani, annoncé au PSG pendant trois mois et qui viendra finalement renforcer le front de l'attaque parisienne dans les tout derniers instants du mercato.

Au-delà des prix – difficiles à évaluer dans un club comme le PSG qui a tendance, parce que les autres clubs savent son aisance financière, à surpayer certains joueurs –, il y a un constat : tous les manques identifiés depuis un an sont comblés. Toutes les recrues ne feront pas merveille mais l'essentiel est là pour Luis Enrique, qui dispose de toutes les ressources nécessaires pour mettre en place ses principes de jeu et poser les bases de ce qui fera sa réussite un an plus tard. Au moment de son arrivée, l'Espagnol réunit tous les joueurs dans une pièce du Campus pour leur expliquer son projet. Dans son discours, il met en avant le souhait, très affirmé, de rafler tous les titres dès sa première saison. Certains joueurs sont un peu dubitatifs. Ils le seront de moins en moins au fil des semaines. Tous ont en tout cas compris la détermination de leur nouveau coach et qu'il ne faudrait pas tenter de sortir du rang.

Mbappé devient un joueur comme les autres

La saison 2023-2024 démarre difficilement, avec un feuilleton Kylian Mbappé qui, on l'a vu, prend toute la place. Absent lors du premier match sur décision du club, il ne fait qu'entrer en jeu au suivant. Mais Luis Campos s'invite souvent dans les discussions, jouant parfois les intermédiaires entre l'entourage du joueur, dont il est proche, et les dirigeants. Il ne prendra pas partie mais saura habilement faire comprendre, de part et d'autre, qu'un conflit ne sert à rien, que la situation contractuelle est ce qu'elle est et qu'il est impossible de se passer d'un tel talent pendant les quelques mois qui lui restent à Paris. Le rôle de Luis Enrique est aussi central. Il milite clairement pour le retour dans le groupe de Kylian Mbappé. Et puisque la direction considère avoir eu des garanties financières de la part du joueur français, le voici de retour dans l'effectif. Mais Luis Enrique va lui faire comprendre que le temps de la République des joueurs est révolu et qu'il est le seul décisionnaire sur le plan sportif. Agacé par son incapacité – et son manque de volonté – à défendre, l'entraîneur espagnol fait un choix radical : le replacer au poste de numéro 9.

Une décision qui provoque des remous médiatiques importants. D'abord parce que le PSG ne manque plus d'options à la pointe de l'attaque depuis le recrutement de deux attaquants à ce poste (Ramos et Kolo Muani) pour plus de 160 millions d'euros à eux deux. Mais surtout parce qu'il semble évident pour tout le monde que les principales qualités de Kylian Mbappé (vitesse, explosivité, débordements) font de lui un ailier gauche plus qu'un numéro 9. Ce point tactique va faire débat toute la saison et occuper une grande partie du débat sportif, notamment dans les conférences de presse d'avant et d'après-match.

Après une victoire face au Havre début décembre 2023, Luis Enrique avait justifié une nouvelle fois ses choix. Non sans montrer une certaine lassitude aux journalistes présents. « Il a une liberté totale en attaque. En défense, il a des responsabilités comme tous les joueurs de l'équipe. Mais en attaque, il a une certaine liberté : sur une aile, sur une autre, entre les lignes, dans la zone de faux 9. Totale liberté pour Kylian et on compense sa mobilité avec le positionnement de ses partenaires. Il a joué ce match comme les autres matchs avec nous. » Il restera droit dans ses bottes, avec les mêmes arguments : c'est la zone dans laquelle il pourra le plus s'épanouir parce que c'est là qu'il aura la plus grande liberté offensive possible. Ce qu'il ne dira pas mais que tout le monde a compris en interne, c'est que si Luis Enrique est pleinement conscient de la machine à buts qu'il a dans son effectif, il ne supporte pas ses manques collectifs. Et notamment son incapacité à venir défendre, à décrocher pour assurer le repli défensif, à presser son adversaire quand celui-ci a le ballon. Kylian Mbappé, si impressionnant offensivement, n'a jamais vraiment été forcé à le faire par ses précédents entraîneurs. Difficile après tout de faire des reproches à un joueur si prolifique offensivement. Il n'a jamais pris goût à l'effort défensif et a longtemps bénéficié, de façon plus ou moins consciente, de certains passe-droits dans le jeu de son équipe. Avec un constat encore moins à son avantage : il n'est physiquement pas dans la forme de sa vie. En le mettant dans l'axe, Luis Enrique affiche aux yeux de tous les amateurs éclairés de football qu'il veut moins ou ne peut pas l'intégrer pleinement au jeu sans ballon de son Paris Saint-Germain. À partir du mois de février 2024, il commence déjà à anticiper la préparation de la saison suivante. Ce qu'il résumera plus élégamment et avec récurrence par cette phrase : « Il faudra tôt ou tard apprendre à jouer sans Kylian Mbappé. »

Le joueur a beau ne pas très bien vivre ce déclassement et le fait de ne plus avoir la même considération de la part de son entraîneur et de son club, Luis Enrique assume. Il ne le sait peut-être pas encore, mais cette preuve d'autorité lui servira. D'autant que personne n'est là pour le dédire. On le sait, Nasser Al-Khelaïfi est en conflit ouvert avec

Kylian Mbappé, qui le lui rend bien ; l'émir fait confiance à son président quand il lui assure que c'est le club tout entier que le joueur attaque ; même s'il y a toujours des amis (qu'il voit encore aujourd'hui comme Achraf Hakimi ou Ousmane Dembélé), le vestiaire s'émancipe peu à peu de l'influence du Français, qui est vu par certains comme une star capricieuse. Et Luis Campos dans tout ça ? C'est à ce moment-là qu'il faut se souvenir du stratège politique qu'est le Portugais. S'il est objectivement proche du clan Mbappé, Luis Campos a une mission : celle de mener le PSG vers plus de réussite encore. Son employeur : le Paris Saint-Germain, pas Kylian Mbappé. Son intérêt professionnel : Luis Enrique, son staff et le vestiaire parisien. Tout concorde donc vers un choix évident, celui de défendre les intérêts parisiens avec le souci de toujours rester juste et intègre dans ses prises de décisions. Il s'attachera, durant ces nombreux mois de tensions, à jouer les intermédiaires et à apaiser les choses entre le joueur, son entourage et la direction. Reste à savoir si les tergiversations autour de sa prolongation sont dues à cette histoire. Le club dément fermement cette version.

Des promesses et surtout des leçons à tirer

Reste un bilan, celui d'une première saison imparfaite mais pleine de promesses et qui aura surtout permis au Paris Saint-Germain tout entier d'apprendre – enfin – de ses erreurs pour les corriger derrière. Le postulat de base reste d'être champion de France et le PSG n'est pas tombé sur un os façon Lille 2021 ou Monaco 2017. 76 points, neuf longueurs d'avance sur son dauphin monégasque pour une domination nette mais pas écrasante. La Coupe de France est reconquise avec une victoire 2-1 en finale contre l'Olympique lyonnais. Paris parvient aussi à se hisser dans le dernier carré de la Ligue des champions. Ce n'était plus arrivé depuis trois ans et cette double confrontation perdue face à Manchester City, année du sacre du Chelsea de Thomas Tuchel… ancien coach du PSG (s'il fallait encore vous convaincre que le monde du football est tout petit). C'est une déception. Comme évoqué dans la première partie, Kylian Mbappé partira sur le crève-cœur d'une demi-finale qui, sur le papier, semblait accessible à tous. Mais les joueurs de Luis Enrique, sans doute trop confiants après avoir passé l'obstacle barcelonais, n'ont rien produit de ce qu'ils avaient commencé à mettre en place quelques mois plus tôt. Pas de but marqué et le sentiment de ne pas avoir joué le match qu'ils imaginaient… voire de ne pas avoir joué tout court. Deux enseignements à en tirer : le PSG est tout à fait capable de se hisser dans le dernier carré de la plus belle des compétitions européennes avec régularité ; Luis Enrique va devoir travailler pour permettre à ses joueurs de mieux aborder ces rendez-vous, en trouvant le bon ton dans la gestion des émotions comme dans l'intensité (« être à 100 % » mais pas plus, comme il aime souvent le répéter).

Du côté du jeu, la patte Luis Enrique s'est installée en quelques mois : la possession à tout prix ou presque, un pressing incessant à la perte du ballon, une capacité à jouer en transition pour lancer des ailiers qui doivent être au four et au moulin. Et surtout un effort collectif pour attaquer mais encore plus pour défendre. C'est sur ce point que l'Espagnol se montre le plus intransigeant : c'est comme ça qu'il a fini par placer Kylian Mbappé au poste de numéro 9 et c'est ainsi aussi qu'il relègue sur le banc des joueurs qui ne lui donnent pas satisfaction quant à leur implication défensive. Un travail qui avait fait des merveilles au Barça, malgré la présence dans le onze d'un Lionel Messi qui n'était pas friand de l'exercice.

Dans cette machine parisienne qui se met en place et emportera bientôt tout ou presque sur son passage, Luis Enrique est parvenu à faire progresser certains joueurs, individuellement mais surtout dans leur sens collectif. Parmi les grandes réussites de sa première saison sur le banc parisien, l'éclosion d'un Bradley Barcola sorti du nid lyonnais pour grandir sous les regards enthousiasmés des supporters parisiens. Le jeune attaquant avait déjà de la technique, il l'a mise en œuvre en gagnant en vision du jeu et surtout en variété pour tenter de gommer ses gestes fétiches devenus trop lisibles à force de systématisation. C'est sans doute aussi l'une des premières grandes réussites de Luis Campos. Si le talent du jeune homme n'avait échappé à personne en Ligue 1, il n'était pas si évident qu'il soit capable de s'acclimater aussi vite au jeu d'un nouveau club et d'un nouveau coach, avec une pression a minima décuplée. Pour sa première saison parisienne, Ousmane Dembélé, lui, a surtout rassuré : le champion du monde n'a rien perdu de son talent mais il a clairement passé un cap physiquement. Épargné par les blessures grâce à tout le travail qu'il a mis en place individuellement, l'ancien Rennais s'est parfaitement acclimaté : 42 matchs en club toutes compétitions confondues, 6 buts et 14 passes décisives. Au-delà de sa technique, il aura surtout apporté du leadership… sans marcher sur les platebandes de son ami Kylian Mbappé. Mais il faut avouer que footballistiquement, le départ de son coéquipier en équipe de France lui fera le plus grand bien.

À l'inverse, les paris Marco Asensio et Hugo Ekitike n'ont pas payé. Le premier, arrivé libre du Real Madrid à l'été 2023, a enchaîné blessures et mauvaises performances, ses rares coups d'éclat ne parvenant pas à faire oublier une étiquette qu'il traînait déjà en Espagne : celle d'un joueur pas très fan de la notion de travail. Pour l'ancien Rémois, venu un an plus tôt en prêt et barré par la concurrence de Kylian Mbappé, Neymar et Messi à son arrivée, l'acclimatation à Paris a été très compliquée. Christophe Galtier n'a jamais su l'incorporer, se montrant parfois injuste avec lui au regard de certains coéquipiers. L'entraîneur champion de France avec Lille ne pouvait pas sermonner les stars, ce sont donc les jeunes qui se faisaient reprendre de volée. Hugo Ekitike n'a pas tout bien fait, mais son talent réclamait peut-être plus de patience. Malheureusement pour lui, son sort était tranché avant même l'arrivée de Luis Enrique. Le club a décidé d'écarter un joueur coupable aux yeux des dirigeants de ne pas avoir facilité l'arrivée de Randal Kolo Muani à l'été 2023 en partant rapidement à Francfort. Sa saison en Allemagne, où il a fini par atterrir en février 2024, son jeu sans ballon et sa finesse technique permettent de penser que son aventure parisienne aurait pu prendre un autre tournant s'il était arrivé un an plus tard, au début de l'ère Enrique. En signant à Liverpool pour 95 millions d'euros (bonus compris), il devient le cinquième joueur français le plus cher de l'histoire.

Le milieu de terrain uruguayen Manuel Ugarte, qui avait impressionné lors de ses premières prestations avec le PSG, a fini par décevoir. C'est typiquement là le profil d'un joueur que Luis Enrique n'avait pas pu superviser avant son recrutement. Luis Campos savait qu'il fallait trouver des profils supplémentaires au milieu, le joueur du Sporting pouvait amener de l'impact physique et des qualités dont le collectif manquait. Mais ça n'a pas collé. Pas une question de personne ou de talent, juste une incompatibilité classique comme il en arrive parfois. Reste qu'il n'y aura presque pas de perte financière pour le club sur ce dossier : acheté 60 millions d'euros par le PSG, il sera revendu 50 millions avec 10 millions de bonus potentiels à Manchester United.

Le plus gros regret de la saison demeure Randal Kolo Muani. Surtout après avoir été un des feuilletons de l'été précédent. Durant le mercato estival 2023, les dirigeants parisiens ont passé des semaines à tenter de négocier son tarif à la baisse, refusant de verser 90 millions d'euros (bonus compris) pour l'ancien Nantais, qui venait certes de faire une saison pleine à l'Eintracht Francfort tout en s'installant en équipe de France mais qui restait un jeune buteur en devenir. Mais le président Nasser Al-Khelaïfi, qui n'était pas aligné sur Luis Campos sur ce dossier, tenait à le faire venir à Paris (on reviendra sur cet épisode). Après tout, il cochait toutes les cases de ce que voulait mettre en place la direction : jeune (génération 1998), né à Bondy en région parisienne, international français… le profil parfait. Tant pis s'il avait fallu casser la tirelire dans les dernières heures du mercato. Sauf que la saison a été difficile pour Kolo Muani, lancé dans un drôle de duel à distance avec un Gonçalo Ramos qui n'était pas non plus le choix rêvé de Luis Enrique à la pointe de l'attaque… où c'est finalement Kylian Mbappé qui a le plus été placé. La suite ne sera pas plus flamboyante – surtout avec le positionnement d'un autre ailier de métier (Ousmane Dembélé) au poste de numéro 9 – et RKM finira par être prêté à la Juventus en janvier 2025. Contexte qui lui permettra de retrouver confiance et temps de jeu. Il reste une valeur sûre quand il est mis dans de bonnes conditions.

Été 2024, un duo pleinement aux manettes

Ces ratés du mercato, sur fond d'une saison pleine de promesses, vont s'avérer utiles pour le duo Luis Campos-Luis Enrique. L'été 2024 sera cette fois pleinement construit conjointement par le technicien espagnol, son staff et le conseiller football. Satisfaits et conscients que le travail va finir par payer, les dirigeants vont continuer de faire confiance aux hommes en place sans volonté d'interférer, d'autant plus que la première saison de Luis Enrique, avec une demi-finale de Ligue des champions, est jugée très encourageante. Le centre de gravité de l'organigramme s'est déplacé : Doha sait qu'il lui faut laisser la main à Paris. Les deux Luis sont les nouveaux hommes forts et vont donc partir des constats des mois précédents pour préparer la saison suivante. Parmi les points d'amélioration identifiés, notons la volonté d'attirer des profils plus en adéquation avec le jeu que souhaite proposer l'Espagnol. Car si les Parisiens n'avaient pas montré, tout au long de la saison 2023-2024, une telle constance depuis bien longtemps, le jeu n'a pas séduit tout le monde, jugé parfois trop répétitif voire caricatural car figé dans des principes qui ne collaient pas toujours aux joueurs sur le terrain. Entre changer certains hommes et renoncer à ses principes de jeu, Luis Enrique a choisi depuis longtemps.

Luis Campos n'a pas perdu son flair et va mettre son art à profit, en lien constant avec l'entraîneur en place. La somme globale investie sera bien moindre que l'été précédent car la base collective est là. Les retouches s'inscriront pleinement dans la politique souhaitée depuis l'arrivée du conseiller football, avec de la jeunesse, du talent, des joueurs à forte plus-value potentielle et qui peuvent s'intégrer dans le schéma de Luis Enrique. Au-delà du cas Matvey Safonov, gardien russe arrivé pour 20 millions d'euros (ce qui reste cher pour un gardien qui ne sera jamais numéro 1), trois autres recrues vont débarquer avec leurs promesses. Et les mettre rapidement en application. Au milieu de terrain, ce sera Joao Neves, encore un joyau du Benfica Lisbonne que les plus grands clubs européens courtisaient, recruté pour 60 millions d'euros. En défense, Luis Campos fait parler ses réseaux et son sens de l'architecture collective en allant chercher Willian Pacho, moins de 23 ans, défenseur équatorien de l'Eintracht Francfort, acheté 40 millions d'euros. Devant, on retrouve la volonté de la direction d'ajouter une touche française supplémentaire avec Désiré Doué, qui arrive du Stade Rennais pour 50 millions d'euros hors bonus et dont toute la Ligue 1 connaît le potentiel exceptionnel. Luis Campos a le dernier mot sur le mercato du club. C'est lui qui tranche en cas de désaccord. Sa fonction lui offre ce privilège, même si dans les faits, les décisions sont concertées. Sa relation avec Luis Enrique est très claire et assez fluide. Du côté des départs, en prêt, en transfert sec ou en transfert définitif après un prêt, on retrouve la liste des joueurs sur lesquels Luis Enrique ne compte pas : Hugo Ekitike (Francfort), Nordi Mukiele (Bayer Leverkusen), Renato Sanches (Benfica), Manuel Ugarte (Manchester United), Danilo Pereira (Al-Ittihad), Carlos Soler (West Ham), Cher Ndour (Besiktas). Liste à laquelle s'ajoutera Randal Kolo Muani l'hiver suivant. Et évidemment les très médiatiques fin de contrat : Keylor Navas, Sergio Rico, Layvin Kurzawa et surtout Kylian Mbappé.

Encore un gros ménage. Et un groupe qui, au début de la saison, correspond pleinement aux demandes et besoins de Luis Enrique et son staff, sur le plan comptable comme en termes de profils. Il ne manquera qu'une touche en plus et elle sera d'importance : espéré dès l'été, Khvicha Kvaratskhelia sera finalement recruté durant le mercato hivernal. Le montant : 70 millions d'euros, tout sauf une surprise compte tenu du talent du Géorgien… mais surtout du vendeur, Naples, présidé par un Aurelio De Laurentiis particulièrement dur en affaires et qui préfère régulièrement s'asseoir sur un gros chèque plutôt que sur son orgueil. Le cas Victor Osimhen aura été le plus criant à cet égard. Le PSG avait pris des renseignements sur l'attaquant nigérian, sondant directement le joueur. Lequel était convaincu à 100 % et souhaitait rejoindre Paris. Mais Luis Enrique, qui estimait que son profil ne collait pas totalement avec ce qu'il recherchait, n'était pas chaud. Et signe que le duo de Luis marche de concert, l'histoire s'est arrêtée là.

Le Trophée des champions repoussé à janvier, le PSG commence sa vie sans Kylian Mbappé en Ligue 1. Lors des quatre premières journées, les Parisiens inscrivent 16 buts. Quatre victoires (Le Havre, Montpellier mais surtout Lille et Brest, les sensations de la saison précédente), trois buts encaissés. Tout le monde prend une claque. L'équipe de Luis Enrique semble déjà à fond, pleinement rodée et donne l'impression d'un rouleau compresseur. Et cette impression des premières semaines va se renforcer voire s'accentuer durant des mois. Si bien que prendre un point face à Paris, comme le feront Reims, Nice, Nantes ou Auxerre, relève du miracle. Allons plus loin en disant clairement que pour le RC Lens, perdre « seulement » 1-0 et donc ne pas prendre une danse est déjà satisfaisant. C'est dire à quel point cette équipe est prête, impressionnante et sans rivale sur la scène nationale.

Le treizième titre de champion de France de l'histoire du club arrivera dès le 5 avril 2025. Même Liverpool, qui a écrasé la Premier League, ne sera sacré que le 27 avril. Le dernier suspense de la saison en championnat concernait la possible invincibilité du PSG sur l'ensemble de l'exercice. Même si Luis Enrique affirmait publiquement que ce n'était pas un but en soi, certains joueurs du vestiaire trouvaient une motivation supplémentaire à l'idée d'arracher un nouveau record. Une façon de maintenir implication et concentration jusqu'au bout en Ligue 1. « Pour être sincère, si quelqu'un me garantissait un accès à la finale de la Ligue des champions contre une défaite face à l'OGC Nice, j'accepterais la défaite », lâchait le devin Luis Enrique en conférence de presse avant le match face aux Aiglons. Des propos visionnaires : Paris a bien concédé, contre Nice le 25 avril, sa première défaite de la saison en championnat. De quoi réjouir le FC Nantes, empêtré dans la lutte pour le maintien mais qui aura la (maigre) satisfaction de conserver son record de 32 matchs de suite sans revers en championnat (le PSG s'est arrêté à 30). Quant au volet Ligue des champions, Luis Enrique avait là aussi bien senti le coup.

La drôle de Ligue des champions parisienne

Que dire du parcours européen du Paris Saint-Germain sur cette saison 2024-2025, sinon qu'il fut un ascenseur émotionnel assez exceptionnel ? Rappelons le contexte : il s'agissait là de l'introduction du nouveau format décidé par l'UEFA. Une petite révolution intégrant désormais trente-six équipes (au lieu de trente-deux initialement), non réparties dans des groupes de quatre clubs comme auparavant mais classées au fil des matchs dans un *ranking* unique. Une sorte de poule géante dont les huit premiers, à l'issue des huit matchs de chacun, seraient qualifiés pour les huitièmes de finale en tant que têtes de série ; les seize clubs suivants en passeraient par un barrage (sorte de seizième de finale) ; les autres s'arrêteraient là. Contrairement à d'habitude, chaque club joue huit équipes différentes. Il faut insister sur un point : la préparation est moins aisée pour les entraîneurs. Quand vous affrontez deux fois la même équipe dans une poule à quatre clubs, le travail est plus évident tactiquement et les ajustements aussi. Ce nouveau format a ceci de plaisant qu'il est sans filet. C'est d'ailleurs aussi ce qui a permis à Brest, Lille et dans une moindre mesure Monaco de régaler leur public avec des adversaires de prestige, chaque fois différents, et d'avoir la place de créer l'exploit.

Dans ce contexte, le PSG, demi-finaliste sortant de la Ligue des champions précédente, se présente parmi les favoris. Mais tout ne va pas se passer comme prévu, loin s'en faut. Car si la première journée se conclut avec une victoire 1-0 contre Gérone, les signaux négatifs sont déjà là. Et ils vont exploser au nez de tout le monde avec le deuxième match : lors de son déplacement à Arsenal, le PSG s'incline 2-0. Mais outre le score, c'est la manière qui affole, comme s'il y avait deux classes d'écart entre les deux équipes. Et la suite va confirmer la drôle de première impression laissée par cette équipe parisienne, qui écrase tout le monde sur la scène nationale et semble si petite à l'échelle européenne. Avec un nul contre le PSV Eindhoven au Parc des Princes, une défaite à domicile contre l'Atlético de Madrid, une défaite sur le terrain du Bayern Munich, Paris en vient à douter. Pire même : le club est aux portes de l'élimination, ne pouvant plus espérer au mieux qu'une place en barrage. D'autant plus hallucinant que Lille, Monaco et surtout Brest enchaînent les belles performances en parallèle pour rapidement s'assurer de ne pas être éliminés dès ce stade de la compétition.

Le réveil finit par arriver. Et il sera assez rapidement glorieux. C'est avant Noël que Luis Enrique va parvenir à remettre ses joueurs la tête à l'endroit. Car pour lui, l'inquiétude ne venait pas des pieds mais de la tête. Comme si l'éternelle frustration de ce PSG qui court depuis plus d'une décennie – et avant même l'arrivée des Qataris – après la Ligue des champions revenait flotter au-dessus des joueurs de façon irrémédiable. « La formule reste très claire. C'est celle que je vous ai donnée, à savoir se créer plus d'occasions que l'adversaire », confie l'Espagnol en conférence de presse depuis la Red Bull Arena de Salzbourg. « Si on peut en générer 20, 25, 30 et plus, tant mieux. On doit encaisser le moins de buts possibles, que les adversaires aient moins d'occasions. Nos statistiques sont très bonnes, ce sont celles qui déterminent nos chances de gagner. L'efficacité vient de cette recette du football. Travailler pour s'améliorer, c'est notre travail tous les jours. Il faut garder la confiance et insister. » Plombé par son inefficacité et surtout sa difficulté à se créer de véritables situations, Paris va revenir à ses fondamentaux. Pas toujours pour le bonheur de son entraîneur. Dans un timing assez étonnant – juste après deux matchs nuls en Ligue 1 contre Auxerre et Nantes –, le PSG colle un 3-0 à Salzbourg en Autriche. Luis Enrique n'est pourtant pas satisfait du contenu et sous-entend que l'adversaire a lui-même offert les points : « Pour être honnête, nous n'avons pas fait un meilleur match que contre le PSV ou l'Atlético, le match a été pire, et c'est ça le football », tranche le technicien espagnol en conférence de presse. « S'il n'est pas pire, en tout cas ce match n'est pas meilleur, les statistiques le montrent, on a eu moins d'occasions de but. »

Mais il préfère y voir un rééquilibrage du sentiment d'injustice né des résultats des matchs précédents : « Nous avons moins de points (sept) que ce que nous méritons – même s'il y a une marge de progression dans le jeu. »

Le véritable déclic sera pour 2025. Le 22 janvier, les Parisiens jouent leur survie dans un Parc des Princes incandescent. L'adversaire : Manchester City, qui connaît une saison galère – la première depuis l'arrivée de Pep Guardiola en 2016 – et se retrouve dans la même situation délicate que le PSG au classement. Il fut un temps où l'équipe se serait effondrée avec un scénario pareil. Mais alors qu'ils étaient menés 2-0, les hommes de Luis Enrique renversent tout dans une deuxième période tout feu tout flamme, avec quatre buteurs différents (Ousmane Dembélé, Bradley Barcola, Joao Neves et Gonçalo Ramos) pour une victoire 4-2 qui assure pratiquement le club d'une place en barrage. Un énorme ouf de soulagement. Et presque un symbole face au modèle cousin mais éternel rival mancunien, qui semble s'effondrer après avoir atteint le sommet avec sa victoire en Ligue des champions en 2023. Nasser Al-Khelaïfi confiera sa fierté sur Canal+ après la rencontre, non sans encenser son entraîneur : « L'une de mes plus belles émotions au PSG ? Honnêtement, oui je pense. C'était une grande équipe avec un grand entraîneur et un grand joueur. On a montré qu'on était une grande équipe aussi. Les joueurs ont montré du caractère. On est très fiers. Beaucoup de gens doutaient sur notre équipe, mais j'ai toujours eu confiance en mes joueurs, ils sont là dans les grands matchs. On a le meilleur coach au monde. Même si on avait perdu ce match, il est pour moi le meilleur coach du monde. Il a montré que notre équipe avait un ADN. »

S'imposer à Stuttgart sera presque une formalité (4-1). Il s'est passé quelque chose et c'est là-dessus que mise Luis Enrique. L'entraîneur espagnol considérait à ce moment-là qu'avec le jeu en place, l'effectif conçu en toute cohérence et le talent collectif travaillé depuis un an et demi, il ne manquait qu'un déclic dans la tête de tous. Et comme si le sort, pas toujours clément, avait décidé de changer de camp, le PSG hérite… de Brest en barrage. Une boucherie. Score cumulé : 10-0. Comme un rappel de la suprématie parisienne absolue sur ses adversaires de Ligue 1. Le huitième de finale est d'un autre acabit : Paris hérite de Liverpool pour un duel entre deux équipes qui marchent sur leurs championnats respectifs. Au match aller, au Parc des Princes, le PSG s'incline 1-0 sur un but de Harvey Elliott inscrit à la 87e minute, dans un scénario cruel. Une erreur de Gianluigi Donnarumma d'un côté, un Alisson Becker exceptionnel de l'autre et voilà les Parisiens dos au mur avant d'aller à Anfield. Il se dégage pourtant de l'optimisme. Et les médias anglais sont d'ailleurs les premiers bluffés par cette équipe parisienne : Paul Merson, ancien international anglais, est catégorique, « si le PSG peut maintenir ce niveau, il gagnera la Ligue des champions. » « Liverpool a presque besoin de s'agenouiller comme le ferait un boxeur. Le PSG est trop rapide et trop fort, il surpasse Liverpool », saluait Stephen Warnock, ancien défenseur de Liverpool, sur la BBC juste avant le but des Reds. « Le PSG a fait ressembler Liverpool aux équipes de Ligue 1 qui sont surclassées chaque semaine dans le championnat français. »

Le miracle a lieu. Certains refuseront le terme compte tenu de la double prestation parisienne. Ils n'auront pas tort. Le but d'Ousmane Dembélé, devenu le véritable patron de l'équipe, montre la voie. Et on perçoit, dans ce but, dans ce retournement de situation, dans cette attitude, toute la patte de Luis Enrique. D'abord dans son positionnement de numéro 9, celui dans lequel il a été placé cette saison par son entraîneur et qui lui offre, on le verra dans le chapitre suivant, une liberté et des responsabilités dont il avait besoin pour passer un nouveau cap. Ensuite dans le calme du technicien, qui semble parfois bougon voire pisse-froid à force d'insister sur le collectif, le jeu et les imperfections plutôt que sur les joies qu'il juge trop éphémères. Le score en restera à 1-0 et il faudra en passer par les tirs au but pour sortir Liverpool d'une Ligue des champions qui lui semblait, sinon promise, du moins accessible. Si bien qu'au moment de chaque tentative, la confiance était côté parisien. Et la qualification aussi. « Bravo au PSG, ils ont été très bons sur les deux matchs. Ils ont la qualité pour faire mal à n'importe quel adversaire, leurs attaquants sont très dangereux et directs. Et leur entraîneur Luis Enrique en a fait une très bonne équipe », saluera à la fin du match le capitaine des Reds Virgil van Dijk, qui sera aperçu en pleine discussion dans les couloirs du stade, près du vestiaire parisien, avec Luis Campos et le président Nasser Al-Khelaïfi. Preuve de son fair-play mais aussi de l'impression laissée par l'adversaire. Ce match marque aussi un tournant car désormais tous les joueurs sont convaincus qu'ils ont le niveau et les moyens de gagner cette compétition.

Sur le papier, le quart de finale paraissait moins compliqué. À condition de ne pas faire preuve d'un excès d'orgueil. Puisque l'histoire avait décidé d'être taquine, c'est face à l'équipe d'Aston Villa entraînée par l'ancien coach du PSG Unai Emery que les Parisiens se sont hissés un cran plus haut. Les Villans ont montré de belles choses mais pour eux, la marche était trop haute. Et même quand les Parisiens, victorieux 3-1 à l'aller, se faisaient peur au point de voir leurs rivaux gagner 3-2 au match retour, il n'y aura pas eu ce supplément de panique qui a tant handicapé le club par le passé. « Je n'ai jamais joué contre le Real Madrid ou Barcelone, mais dans ma carrière, c'est la meilleure équipe que j'ai affrontée. Je prends de l'âge et je n'aimerais vraiment pas jouer contre eux chaque semaine », a même confié John McGinn, milieu de terrain écossais de 30 ans, admiratif de la prestation d'ensemble des Parisiens qui auront finalement réussi tant bien que mal à gérer leur avance. Unai Emery assurera même que « maintenant ils sont favoris » pour la victoire finale.

Clin d'œil de l'histoire encore : la demi-finale se jouera face à Arsenal. L'équipe qui avait plongé tout le club parisien dans le doute lors de la deuxième journée de la phase de groupe. Celle qui a un temps cru au titre en Premier League, celle qui progresse chaque saison sous l'égide d'un Mikel Arteta grand artisan de la reconstruction post-Arsène Wenger. Mais à quelques mois d'intervalle, rien n'est plus pareil. Ni côté PSG, avec un plein de confiance et un jeu désormais bien en place. Ni côté londonien, avec des rangs décimés par une épidémie de blessures qui a épargné le club parisien cette saison. Sur ce point, le staff de Luis Enrique, qui a mis en place des contrôles importants du corps des joueurs mais aussi (surtout ?) de leur hygiène de vie au quotidien, a vu son travail payer au meilleur moment de la saison. Les joueurs sont soumis à des tests, des prises de sang hebdomadaires (après les matchs ou le lendemain) pour connaître leur niveau de fatigue par exemple. L'exigence, encore et toujours : plus que nécessaire avec des organismes qui doivent encaisser une soixantaine de matchs par saison, voire plus en pleine période internationale (Coupe du monde,

Jeux olympiques, Euro, Copa America et même cette année la Coupe du monde des clubs). La confiance est parisienne, la forme est parisienne, la supériorité physique est parisienne. À l'arrivée, un monstre de maîtrise : deux victoires (1-0 et 2-1) et l'impression que rien ne peut arriver au PSG.

Voici Paris qualifié pour sa deuxième finale de Ligue des champions. « Paris Saint-Germain, 2020 a été une année difficile. Mais cette fois tout finira bien », salue sur les réseaux l'ancien capitaine (souvent malheureux) du PSG Thiago Silva. Tout est trop en place au sein du club pour que quelque chose ne tourne pas rond, surtout après une frayeur de début de saison européenne qui n'est pas parvenue à remettre en cause tout le travail accompli depuis un an et demi. Les recrues, l'équilibre collectif, des performances individuelles à l'instar de celles d'Ousmane Dembélé, une foi inexorable en ce coach qui peut – contrairement à beaucoup de ses prédécesseurs – travailler sereinement sans crainte d'ingérence de sa direction. Serait-ce l'apothéose du PSG version qatarie ?

Eh bien oui, le moment est venu. Même si personne, dans les rêves les plus fous, n'aurait misé sur un tel scénario. Après avoir renversé le Barça dans une double confrontation totalement dingue, c'est l'Inter Milan qui se présente face aux Parisiens. Consultants et journalistes constatent que sur le papier, le club milanais a tout de l'équipe au profil parfait pour gêner le PSG, avec ses joueurs très expérimentés, sa défense rugueuse et sa capacité à tuer son adversaire sur une attaque placée façon banderille.

L'entraîneur n'a eu de cesse de répéter à ses joueurs qu'il s'agissait d'un match comme les autres. Et que comme à chaque fois, il fallait le gagner sans renier les principes de jeu appliqués durant toute la saison. Si les Parisiens avaient gagné la finale autrement, avec un jeu ne correspondant pas aux critères de leur entraîneur, nul doute que celui-ci en aurait pris un peu ombrage. Luis Enrique tentera de maintenir la sérénité de ses joueurs. Les mêmes entraînements, les mêmes horaires, les mêmes plages de repos, les mêmes mots dans le vestiaire… bref, tout pareil et ça passera. La stratégie est la bonne.

C'est comme si, ce 31 mai 2025, le PSG était devenu intouchable, donnant le sentiment que tout ce pain noir mangé pendant plus d'une décennie allait engendrer un retour de karma divin pour le club. L'équipe est arrivée à l'Allianz Arena avec le stress d'un match habituel ou presque. La suite s'est déroulée comme dans un rêve : tous les choix ont été bons, toutes les actions ont abouti et le récital munichois aura même permis aux supporters parisiens de savourer très vite ce sacre européen qui leur tendait les bras.

Luis Enrique a attendu le dernier moment pour dévoiler sa composition d'équipe comme toujours, avec un choix fort : celui d'aligner Désiré Doué.

À presque 20 ans, l'ancien Rennais a pour lui une fougue et des capacités physiques exceptionnelles. Depuis son arrivée au PSG, il y a appris la discipline collective, à regarder autour de lui avant de songer à martyriser ses adversaires en un contre un. Euphorique depuis six mois sur le terrain, le nouvel international français a été préféré à Bradley Barcola au coup d'envoi. Résultat : Désiré Doué devient le plus jeune joueur à inscrire un doublé en finale de Ligue des champions. Il sera même élu homme du match.

Chaque Parisien sur la pelouse ce soir-là mériterait un hommage, tant le PSG a écrasé collectivement l'Inter Milan, faisant passer les hommes de Simone Inzaghi, de retour en finale de Ligue des champions deux ans après la défaite contre Manchester City, pour un club d'un rang bien inférieur. Physiquement, mentalement, les joueurs de Luis Enrique étaient intouchables. À l'instar de Khvicha Kvaratskhelia qui, en quelques mois à peine, aura prouvé qu'il avait l'étoffe d'un joueur de classe mondiale. C'est aussi le Géorgien qui a participé à créer ce déclic dans les têtes et sur le terrain en 2025. Par sa vision du jeu surtout, dans une équipe qui avait besoin d'en ajouter une dose sur le front offensif pour passer un cap. À 24 ans, il est devenu un incontournable du système Luis Enrique. Au-delà du bilan statistique (sept buts et cinq passes décisives), il aura su organiser l'attaque parisienne et incarner à la perfection ce que Luis Enrique adule par-dessus tout : le sens collectif. C'est Achraf Hakimi, devenu indispensable lui aussi au PSG, qui a ouvert le score dans cette finale dès la 12e minute. À la mi-temps, il y avait 2-0. Et quand on est supporter parisien, on ne se pense jamais à l'abri. Le passé récent a prouvé aux fans du PSG à quel point le football sait parfois être cruel. Et en face, l'Inter Milan avait su revenir de l'enfer face au FC Barcelone pour arracher sa qualification.

Comme un clin d'œil, c'est le tout jeune Senny Mayulu, à peine entré en jeu, qui a claqué le cinquième et dernier but de cette finale. Au moment de le célébrer, Marquinhos fond en larmes. Le capitaine du PSG a tout vécu, il touche enfin au but ultime d'une carrière de joueur en club. Les humiliations et déboires passés, les remontadas, les désillusions diverses ont rendu la chose encore plus belle. « C'était dur, on a souffert pendant deux ans », confiera le défenseur au micro du diffuseur. Signe de l'exigence impulsée par Luis Enrique, pas toujours facile à vivre pour un groupe mais dont la finalité valait les sacrifices.

5-0. Un festival. Une *manita*. La plus large victoire de l'histoire des finales de Ligue des champions. Pendant que les joueurs et le staff festoient, les anciens n'oublient pas. Notamment un certain Kylian Mbappé, qui poste immédiatement un message sur Instagram : « Le grand jour est enfin arrivé. La victoire, et avec la manière, de tout un club. Félicitation PSG. » Beau joueur. Une chose est certaine : ce PSG 2025 n'aurait pas été le même avec lui. Pas une question de talent, une question de moment et de structure d'équipe.

La fête est longue et belle sous les confettis de Munich. Elle l'est presque encore plus dans Paris. Après la qualification contre Arsenal, la ville avait commencé à s'enflammer. Elle part en feu d'artifice. Toute la nuit, les supporters chanteront, défileront un peu partout dans la capitale à bord de véhicules de tous types, klaxonnant, hurlant leur joie pendant que la tour Eiffel scintille. Au Parc des Princes, où le club avait organisé une retranscription de l'événement avec une billetterie, c'est une explosion de joie sans discontinuer. Avec un mot d'ordre lancé à distance par Ousmane Dembélé : « Qu'on fête ça mais sans qu'on casse tout dans Paris. » Il y aura des incidents, des vitrines brisées sur les Champs-Élysées et des altercations avec les forces de l'ordre. Mais le dispositif de sécurité déployé aura permis de limiter la casse, au cours d'une soirée qui s'est finalement – et contrairement à ce que certains médias très politisés du côté extrême de l'échiquier voulaient faire croire – plutôt bien passée.

La nuit a été longue pour tout le monde. Pour les supporters, qui n'ont guère dormi, tentant tant bien que mal de s'accorder quelques heures de sommeil en trouvant un moyen de transport au petit matin… pour mieux remettre le couvert le dimanche. Pour le personnel du Parc des Princes aussi, avec une immense bâche déployée dans la nuit pour habiller le stade avec une photo des joueurs et la mention « champions d'Europe ». Dans les boutiques du club aussi, pour se préparer à l'affluence gigantesque des prochains jours. Il fallait le faire discrètement pour ne pas tomber dans l'excès d'assurance ou la provocation, mais le PSG avait anticipé : les stocks de maillots – dont certains brodés avec une étoile, ce qui n'est pas systématique pour un sacre en Ligue des champions ; un motif qui, après des semaines d'incertitudes, atterrira sur le nouveau maillot mais uniquement pour la Coupe du monde des clubs et pour l'édition 2025-2026 de la Ligue des champions –, les affiches, les porte-clés avec le trophée, les rééditions du mythique maillot Hechter si cher aux supporters. Et surtout les célébrations.

Avec les autorités, le club a travaillé en amont sur la mise en place d'une parade sur les Champs-Élysées. Après l'arrivée à l'aéroport, direction le cœur de Paris pour les joueurs et le staff, escortés par des dizaines de deux-roues conduits par des supporters euphoriques. Un bus à impériale accueille le groupe pour remonter l'avenue mythique devant la foule. Un moment de communion. Marquinhos et ses coéquipiers se transmettent la coupe aux grandes oreilles pour la brandir devant les Parisiens : ce n'est pas la « vraie » mais une réplique, car le vrai trophée retourne immédiatement au siège de l'UEFA en Suisse après la finale. Tous seront accueillis à l'Élysée par Emmanuel Macron, absent à Munich mais qui tenait à sacraliser le moment. Puis direction la grande fiesta : le PSG a organisé un moment de communion au Parc des Princes. L'entrée, gratuite, est réservée aux abonnés : toucher le grand public c'est bien, mais il ne faut pas oublier ses racines. Un show musical était chargé de mettre l'ambiance avant la présentation du trophée, aux environs de 21 h 30. Chaque joueur est annoncé un à un, tout comme Luis Enrique, ovationné. Lucas Hernandez tente une roulade, Joao Neves un petit saut périlleux, Bradley Barcola lâche un « Ici c'est Paris ! », Ousmane Dembélé est porté en triomphe. À l'instar de DJ Snake, grand fan du PSG, ce sont tous les supporters qui réclament le Ballon d'Or pour l'attaquant français.

Un moment magique qu'il faut pourtant assez rapidement stopper. Les Parisiens auraient sans doute souhaité continuer la fête pendant des jours puis s'accorder un peu de repos pour retrouver leurs proches. Mais la vie d'un club de football comme le PSG ne s'arrête jamais. De nombreux éléments du groupe doivent partir en sélection dans la foulée, notamment les internationaux français, qui ont débarqué en fanfare à Clairefontaine dès le lendemain pour ensuite préparer le Final Four de la Ligue des nations. Rares sont ceux qui ont pu couper un peu. Car pour tous, une nouveauté s'annonce avec la Coupe du monde des clubs dans un format inédit aux États-Unis. Un marathon sur juin et juillet qui ne laissera que peu de répit au PSG. Lequel, en plus de préparer sa saison 2025-2026, aura déjà pour perspective la Supercoupe d'Europe contre Tottenham, vainqueur de la Ligue Europa. Avec un tel statut maintenant, Paris est attendu encore plus au tournant.

Comment assurer la suite ?

Le duo Luis Enrique-Luis Campos est donc salué unanimement ou presque. Il reste pourtant une drôle d'impression. Le 7 février 2025, en marge du match contre Monaco, le PSG annonçait la prolongation de plusieurs de ses joueurs (Nuno Mendes, Vitinha, Achraf Hakimi et le jeune Yoram Zague), les premiers contrats professionnels d'Ibrahim Mbaye et Naoufel El Hannach et le nouveau bail de Luis Enrique. Mais pas celui de Luis Campos. Le technicien espagnol a rempilé pour deux années de plus, liant son avenir au PSG jusqu'en 2027. Le conseiller portugais arrivait lui en fin de contrat à l'issue de la saison. Début avril, comme il l'avait fait en novembre, Luis Enrique affichait pourtant son soutien : « J'aimerais que Luis Campos continue au club. J'ai commencé avec lui, j'aimerais finir avec lui », avait-il lancé en conférence de presse. Une habile façon de mettre fin aux rumeurs autour de quelques tensions en coulisses entre les deux hommes. Mais aussi la conscience que cet effectif qui réussit si bien ne serait pas le même sans l'homme de l'ombre, ses réseaux et ses talents d'architecte. Les négociations se sont étalées durant de nombreux mois entre Luis Campos et sa direction. Et ce n'est pas tellement le volet salarial qui posait problème. Le Portugais a demandé des garanties, la plupart pour préserver son indépendance dans son travail. Il préférait se montrer prudent, assurant en off qu'il fallait d'abord tout sceller, y compris juridiquement, avant d'afficher un certain optimisme. Tout Luis Campos est là : de la politique, de la prudence et de l'intransigeance dans les tractations. Après tout, la méthode aura été éprouvée dans bien des cas. Il finira par prolonger… en fin de saison, bien après son binôme. Une façon de mettre fin aux spéculations également. Même si tout le monde a compris que dans l'esprit des dirigeants du Qatar, Luis Enrique a une place à part dans ce projet.

Cette idylle peut-elle durer ? En football plus que dans d'autres sports, l'imprévisibilité est un impondérable. Difficile de parsemer de quelques signaux faibles une telle euphorie après ce titre tant attendu en Ligue des champions, au terme d'une saison 2024-2025 proche du chef-d'œuvre. Restent quelques indices qui appelaient, dès le soulèvement du trophée, à la prudence quant à la suite. Le duo de Luis a signé une partition parfaite sur une saison, non sans quelques interrogations. Notamment autour de cette prolongation annoncée tardivement pour le conseiller sportif, quand l'entraîneur avait bénéficié d'un nouveau bail des mois plus tôt, alors même que les résultats européens du PSG n'étaient pas ceux attendus. Est-ce à dire que la direction parisienne mise davantage sur l'Espagnol que sur le Portugais ? Difficile de trancher tant les négociations ont été différentes. D'autant plus qu'aujourd'hui, une vraie harmonie existe entre les deux Luis et le président du club.

Intransigeance et obsession du collectif : la méthode Luis Enrique

Comment l'entraîneur espagnol est-il parvenu, en deux ans, à transfigurer cette équipe du PSG ? Les recrutements n'expliquent pas tout. Luis Enrique a des principes de jeu clairs qu'il s'est efforcé d'expliquer à ses troupes dès son arrivée. Dans les vestiaires, cela passe d'abord par un exposé à l'oral en espagnol avant de coucher ses consignes sur le tableau, pour finir par une mise en pratique sur le terrain. Tout le monde n'est pas hispanophone mais la langue n'est pas vraiment un frein. Avec des gestes et des schémas, les joueurs assimilent les consignes sur un ton que son groupe qualifie facilement de captivant et de transpirant la passion. Il faut dire que Luis Enrique est particulièrement expressif et que chacun comprend vite quand il ne fait pas ce que son entraîneur attend de lui.

Pour s'assurer de la mise en œuvre de ses principes, Luis Enrique bénéficie d'un terrain de jeu fabuleux : le Campus PSG… dont il a pu tester les lits à son arrivée au club. Oui, l'entraîneur espagnol a dormi régulièrement, pendant des mois, au sein même des installations, comme s'il fallait qu'il s'imprègne physiquement de son nouvel environnement. Sur le terrain principal d'entraînement, un écran géant lui permet d'observer avec précision les différents exercices et facilite leur mise en place : car une fois les consignes diffusées sur l'écran, chacun des joueurs sait immédiatement ce qu'il doit faire et où il doit se placer. Avec une particularité : après chaque entraînement, il se met pieds nus. Toujours la même routine : il commence à enlever ses chaussures et ses chaussettes un peu avant la fin de la séance. Puis, pieds nus sous un grand soleil ou sous la pluie rien ne change il fait le tour du Campus pendant vingt à trente minutes. Il paraît qu'il n'a plus d'allergie depuis qu'il a mis en place cette routine.

Perché sur une nacelle en hauteur, le technicien a une vision d'ensemble lui permettant de surveiller les déplacements de ses hommes sur le terrain et de les ajuster en temps réel. L'ancien sélectionneur de l'équipe d'Espagne augmente la difficulté de ce qu'il demande au fur et à mesure. Lors de la saison 2023-2024, le but était avant tout de travailler le pressing tout terrain. La saison suivante, l'idée était d'assimiler le jeu en mouvement pour essayer de déséquilibrer le bloc adverse avec des mouvements permanents au milieu de terrain, notamment entre Joao Neves, Fabian Ruiz et Vitinha. Un exercice difficile dans l'animation offensive mais qui, une fois pleinement maîtrisé, martyrise des adversaires perdus et qui ont du mal à défendre. Et s'agissant de ses leaders d'attaque, Luis Enrique avait pris une petite habitude avec Kylian Mbappé : jouer à celui qui frappe le plus fort, comme dans une cour de récré, pour montrer aux autres ce qui peut leur arriver. Ousmane Dembélé connaîtra le même sort à l'automne 2024.

Sa méthode n'est pas toujours sans heurt pour certains de ses joueurs, malgré leur bonne volonté. Au cours de l'année 2024, Nuno Mendes est prié de rester en défense sur les phases offensives parisiennes. La ligne arrière est donc en forme de trio Mendes-Pacho-Marquinhos, tandis que l'autre latéral, Achraf Hakimi, monte au niveau des milieux de terrain. Son coffre permet au Marocain d'enchaîner des allers et retours sans difficulté. Sa saison est exceptionnelle, et lui vaudra d'être cité par certains consultants et supporters comme un possible Ballon d'Or. Mais Nuno Mendes, lui, se sent bridé. À un poste qui n'est pas le sien, le jeune Portugais n'est pas épargné par les critiques et ça le touche. Il va notamment s'en ouvrir lors de la négociation de sa prolongation de contrat. Et Luis Enrique sachant parfois être pragmatique, il s'adapte et décide alors que lorsque son équipe aura le ballon, un milieu de terrain (Vitinha ou Ruiz) viendra intégrer les trois de la défense pour que Nuno Mendes puisse apporter son talent offensif et ses qualités de débordement. Un soulagement pour le joueur, plus épanoui dans ce rôle et qui le rendra bien sur le terrain.

Une des forces du jeu de Luis Enrique, c'est le pressing, travaillé dès ses premiers mois parisiens et qui est arrivé à maturité en 2025. Les joueurs affichent une coordination dans l'effort et surtout une énergie, un don de soi. À commencer par les attaquants comme Ousmane Dembélé, qui impressionne particulièrement en ce sens. Le départ de Kylian Mbappé, qui n'était pas le plus prompt à enchaîner les courses et replis défensifs, a fait grimper la moyenne de l'équipe sur le nombre de kilomètres parcourus : une machine collective monstrueuse physiquement, obligeant les autres formations à s'adapter. Face à Manchester City, dans un match capital de Ligue des champions pour intégrer le tableau final, les hommes de Pep Guardiola ont souffert du pressing incessant du Paris Saint-Germain. L'entraîneur de Lyon Paulo Fonseca montrera même les images de la rencontre à ses joueurs pour expliquer pourquoi cette fois il n'allait pas leur demander de faire tourner le ballon et de construire. Dans l'esprit de l'entraîneur portugais, pourtant connu pour être combatif, cette équipe du PSG était totalement injouable.

Luis Enrique a cette obsession de ne pas stagner, de toujours faire évoluer sa réflexion et faire progresser les joueurs. Quelques mois avant sa deuxième saison sur le banc parisien, avec la direction sportive et tout son staff, il planche déjà sur le projet de jeu de la rentrée suivante. Émerge alors l'hypothèse de voir le PSG, sur certains matchs de Ligue des champions par exemple, évoluer à trois défenseurs centraux de métier. C'est de là qu'est née l'idée de recruter Illya Zabarnyi, défenseur ukrainien de Bournemouth. Après cette belle saison historique, la priorité est d'ailleurs de trouver un défenseur capable de jouer dans différents systèmes, de préférence un grand gabarit, notamment pour les coups de pied arrêtés. Objectif de cette évolution : être plus solide défensivement, en particulier dans les airs, mais aussi plus redoutable offensivement, en utilisant plus systématiquement les qualités de piston de Nuno Mendes et d'Achraf Hakimi. Après avoir réussi à surprendre le monde du football, comment réitérer cette performance ? Il faut forcément se réinventer. Luis Enrique l'a déjà anticipé. C'est l'une de ses forces.

Pendant la semaine, l'entraîneur n'hésite pas à mélanger les joueurs au cours des séances. Paranoïa pour ne pas laisser transparaître ses plans ? Il demande en tout cas aux deux équipes en place les mêmes choses, pour que tout le monde soit prêt à jouer. La composition de l'équipe alignée pour le match tombe une heure et demie avant le coup d'envoi. Pas avant. Un timing très court qui n'est pas courant. Ce qui a parfois décontenancé, particulièrement ceux qui étaient convaincus d'avoir fait une bonne semaine d'entraînement et apprennent au dernier moment qu'ils seront sur le banc. Pas facile à digérer. Mais tous ont appris à faire avec.

Voilà pour le terrain. Mais la gestion des hommes, alors ? Luis Enrique a imposé des règles assez classiques mais strictes pour la vie du groupe. Il aime ses joueurs et les défend sans cesse en conférence de presse : l'Espagnol a d'ailleurs régulièrement répété à son vestiaire qu'il fallait faire front et toujours s'afficher unis, surtout devant la presse. C'est ce qui explique qu'il ne critique quasiment jamais ses joueurs devant les journalistes. Malgré tout, surtout à la fin de la première saison et au début de la seconde, sa proximité avec certains joueurs est notable. Comme tous les entraîneurs, Luis Enrique a des chouchous, ce qui peut parfois créer un peu de jalousie. Ses longues conversations avec Vitinha, Kvaratskhelia et Fabian Ruiz, avant ou après l'entraînement, ne passent pas inaperçues : le coach parisien leur demande leur avis sur certaines phases de jeu, les consulte sur la vie de groupe… ce qu'il fait beaucoup moins avec d'autres cadres du vestiaire.

Il sait parfois lâcher du lest sur certaines attitudes propres à cette génération. Notamment sur les téléphones, qui ne sont pas spécialement autorisés les soirs de match. Mais certains – surtout ceux qui ont un statut dans le vestiaire, mais pas seulement – les utilisent régulièrement, notamment à la mi-temps pour jeter un coup d'œil sur les réseaux sociaux ou consulter rapidement le message d'un proche. Luis Enrique n'en est pas fan, mais il préfère fermer les yeux.

Trait majeur de sa personnalité singulière : il ramène tout au collectif et refuse de starifier un joueur. En conférence de presse comme dans le vestiaire, tout sera tourné vers le collectif. L'une des seules fois où il reniera ses principes pour s'attarder sur un de ses leaders devant les médias, ce sera pour prendre position en faveur d'Ousmane Dembélé dans la course au Ballon d'Or. Mais pas toutes les semaines, attention. Surtout pas de la part d'un entraîneur qui dit ne pas être fan du principe… de récompense individuelle. C'est avant tout pour se mettre dans la roue de son président Nasser Al-Khelaïfi, qui a fait un choix clair et lancé la campagne pour porter son joueur jusqu'au trophée. Luis Enrique privilégie l'idée que le collectif fait tout. D'ailleurs, il n'a cessé de rappeler qu'Achraf Hakimi et Vitinha mériteraient eux aussi le Ballon d'Or.

Mais ce sens du collectif, Luis Enrique l'utilise aussi pour parler de lui. « Vous ne pouvez pas comprendre ! » va marquer les esprits en ce sens : dans ce documentaire Movistar Plus+, diffusé en France par Canal+, l'Espagnol se dévoile dans un jeu de communication qu'il maîtrise... quitte à agacer. Lors de sa première saison à Paris, des caméras sont régulièrement installées dans le vestiaire parisien, notamment pour filmer ses causeries. Dans les extraits les plus viraux, on le verra tenir un discours très musclé lors du huitième de finale aller contre la Real Sociedad. Hors de lui à la mi-temps, l'Espagnol fera voler des bouteilles d'eau posées sur la table au milieu de la salle en sermonnant vertement ses joueurs. Certains, au sein du groupe, se demandent s'il ne surjoue pas parfois un peu pour régaler les caméras. Ils sont plusieurs à sourire, avec des remarques pas loin du chambrage, quand ils voient leur coach à la une des journaux. Luis Enrique est le visage du PSG, plus qu'aucun joueur. Une exception dans un monde du football habitué à voir l'entraîneur se ranger derrière une star. Mais tant que ça gagne, il n'y aura jamais de problème avec ce groupe constitué de « bons mecs » à l'état d'esprit quasi irréprochable. Dans les moments difficiles, il faudra qu'il fédère autour de lui. Il a déjà su le montrer au cours de la saison en faisant un pas vers les joueurs.

Luis Enrique est très direct et assume sa communication. Au point de parfois regretter de voir le club prendre des pincettes sur certains dossiers.

À l'été 2023, alors que la direction pousse Neymar et Marco Verratti vers la sortie, le PSG justifie l'absence des deux joueurs au premier match de la saison par un mystérieux « virus ». De la diplomatie, voire un peu d'élégance. Luis Enrique, lui, aurait préféré assumer plus franchement ce choix en ne fournissant pas d'explication sur cette mise à l'écart. Autre petite passe d'arme de communication : fin octobre 2023, le PSG se fait peur contre Brest lors de la 10e journée de Ligue 1 ; malgré deux buts d'avance, les Parisiens ont vu les Brestois revenir au score, avant que Kylian Mbappé ne marque le but de la victoire à la 88e. L'attaquant célèbre très fort face aux supporters qui l'ont auparavant chambré. Trop fort. Luis Enrique n'a pas aimé. Pas convaincu par la prestation d'ensemble de ses joueurs, l'Espagnol va adresser un avertissement public à sa star : « Je n'aime pas ce genre de choses. Mieux vaut essayer de profiter du moment, de penser à tout ce qu'il y a autour du football et de donner une énergie positive. » Le pôle communication va jouer le service après-vente avec les journalistes, expliquant que ses mots ont dépassé sa pensée. La réalité, c'est que Luis Enrique pensait chaque mot qu'il a prononcé et s'était d'ailleurs dit mécontent de la traduction faite en interne. Un électron libre.

L'ancien coach du Barça se montre parfois très autoritaire à l'égard de ses joueurs. C'est ce qui lui vaudra un début de mutinerie, lors de la deuxième partie du mois de novembre 2024. Les résultats ne sont pas bons en Ligue des champions, l'ambiance pas si géniale… le terreau parfait pour que les problèmes s'expriment au grand jour. À ce moment-là, plusieurs cadres sont mécontents et le font sentir à leur entraîneur. Ce qui lui est reproché ? De brider les joueurs, notamment offensifs, sur le terrain et de se montrer inflexible en dehors. Des consignes jugées parfois trop directives ont pu crisper certains joueurs, notamment les attaquants qui voulaient avoir le ballon plus rapidement et réclamaient parfois un jeu plus direct. Mais ce qui énervait encore plus au sein du vestiaire, c'est cette volonté de surcontrôle : Luis Enrique donne l'impression de vouloir maîtriser chaque geste en temps réel, presque comme s'il jouait à la PlayStation. C'est dans ce contexte que des tensions vont apparaître.

En octobre, la presse annonce qu'Aitor Unzué, adjoint de Luis Enrique (d'abord spécialiste vidéo), a quitté le club. Un départ brutal dont les modalités sont floues. Il a en fait été poussé dehors *manu militari*, sans explication. Son éviction a beaucoup surpris les joueurs, dont il était proche. Il déjeunait régulièrement avec eux, échangeait souvent avec le groupe et était très apprécié du vestiaire. Pour certains joueurs, cette décision brutale symbolise quelques traits de management de Luis Enrique. Mais par le dialogue, un peu de pragmatisme de la part du coach et surtout l'idée de faire cause commune pour aller chercher le graal, le climat s'apaisera autour de Noël. Autre exemple : le 29 mars 2025, le PSG s'impose largement 6-1 à Saint-Étienne, en Ligue 1. Les Parisiens ont pourtant été menés très tôt dans le match, livrant une première période décevante. Le lendemain, au Campus PSG, le coach espagnol s'énerve, demande des explications à ses joueurs en visant notamment les plus jeunes. Luis Enrique explique qu'avec cette intensité de course, ils n'ont aucune chance de gagner la Ligue des champions. C'est Marquinhos, le capitaine, qui prendra la défense de ses coéquipiers, avançant de la fatigue après l'enchaînement du huitième de finale contre Liverpool et du classique contre l'OM. Le Brésilien, amoureux fou du club, a depuis longtemps emporté le soutien du vestiaire. Il s'est aussi érigé en figure de confiance de Luis Enrique et la direction quand il s'agit de faire passer des messages.

Cette intransigeance ne transparaît pas uniquement dans la sphère privée du vestiaire, il arrive qu'elle jaillisse au grand jour. Particulièrement dans ses relations avec les journalistes, avec des saillies parfois piquantes de la part de Luis Enrique quand on lui demande de justifier ses choix. Une scène a marqué les esprits : après la défaite face à Arsenal (2-0) lors de la phase de groupe de la Ligue des champions – un match joué sans Ousmane Dembélé, que le coach a laissé hors du groupe –, il rembarre vertement une journaliste de Canal+, qui lui demandait des explications tactiques : « Je n'ai aucune intention d'expliquer ma tactique parce que vous ne comprendriez pas. » Une séquence qui fait monter une vague d'indignation sur les réseaux sociaux et dans la sphère journalistique, symbolisant les réticences de Luis Enrique à jouer le jeu devant les médias… ce qui fait pourtant partie du métier d'entraîneur de haut niveau.

Le moment charnière du 3 décembre 2024

Suivront différents échanges avec ses dirigeants, qui lui expliquent qu'il ne peut pas avoir les trois-quarts des têtes influentes du vestiaire contre lui, pas plus qu'une relation exécrable avec les journalistes. À cette période, le PSG va affronter Salzbourg dans un match très important pour la suite de la Ligue des champions. C'est un moment charnière et le club souhaite qu'il soit abordé de la meilleure des manières, avec un groupe apaisé. À la surprise générale des joueurs, Luis Enrique fait amende honorable le 3 décembre, au Campus PSG. Dans son discours, le technicien expliquera vouloir faire un pas vers eux, être un peu plus flexible et à leur écoute. C'est sans nul doute l'un des temps forts de la saison. Il va permettre de faire redescendre la pression, avec des bienfaits qui ne vont pas tarder à se voir sur le terrain. Il s'est alors ouvert davantage, laissant notamment plus de place à ses adjoints pour gérer les coups de pied arrêtés ou parler directement au groupe en cours de match. Ce qui n'arrivait que très rarement lors de la première saison et ressemble à une petite révolution.

Les méthodes de Luis Enrique sortent de l'ordinaire. Y compris dans l'organisation du vestiaire et de sa hiérarchie, avec un double vote qui fera date. Lors de sa première saison au club, en août 2023, l'entraîneur avait décidé à la surprise générale (car il s'agissait bien d'une grande première au PSG) d'organiser un vote pour désigner le capitaine. Dans l'esprit de tout le monde, il s'agissait de Marquinhos. Mais les dirigeants avaient d'autres plans et voyaient d'autres joueurs dans ce rôle. À cette époque, certains estiment que le capitaine, pourtant adoré par son président, est sur la fin et qu'il n'est peut-être pas le mieux placé pour incarner le PSG. La candidature de Kylian Mbappé est particulièrement appréciée par certains mais sa situation contractuelle pose problème. Lucas Hernandez a aussi des partisans en interne (même s'ils se rendront compte plus tard que ce n'était peut-être pas le meilleur choix).

Ce vote n'est pas vraiment compris des joueurs, qui décident dans la foulée de se prononcer à main levée dans le vestiaire. Sans surprise, Marquinhos est le grand gagnant, et à l'unanimité. Luis Enrique rentre alors dans la salle et apprend le résultat. Il adresse cette phrase assassine en direction du défenseur brésilien : « Ce n'est pas la dictature, on va refaire le vote. » Le résultat, et surtout le fait de ne pas avoir été associé au scrutin, énerve l'entraîneur. Marquinhos, qui se sent à juste titre visé, accuse le coup. Le lendemain, les joueurs arrivent au Campus. Les intendants leur tendent alors des morceaux de papier sur lesquels ils doivent coucher, dans l'ordre, les noms des capitaines souhaités. Marquinhos remporte encore le suffrage. Cette fois, Luis Enrique ne peut aller à l'encontre du choix du vestiaire et annonce le résultat devant le groupe. La saison suivante, le coach espagnol renouvelle sa méthode. Et Marquinhos sera de nouveau élu capitaine.

L'autre vote marquant concernera les tireurs de penalties. Marqué par les embrouilles passées entre Neymar et Kylian Mbappé (déjà un héritage du *penaltygate* Cavani-Neymar en 2017), l'entraîneur espagnol va trouver un moyen peu habituel pour acter le fonctionnement lors de la saison 2024-2025. Lors de la première journée de championnat contre Le Havre, Randal Kolo Muani se procure un penalty dans les arrêts de jeu. Vitinha veut le prendre : et pour cause, il a été désigné avant le match par Luis Enrique comme le tireur numéro 1. Ousmane Dembélé donne finalement le ballon à Kolo Muani, sous le regard du milieu portugais, qui ronge son frein. RKM, qui était entré en jeu, marque. Dès le lendemain à l'entraînement, Luis Enrique fait part de son mécontentement devant le groupe. Le ton reste très diplomatique mais il explique en substance que lorsqu'il désigne un tireur de penalty, la consigne doit être respectée. Il s'adresse à Randal Kolo Muani pour lui dire qu'il ne doit pas prendre le ballon pour tirer dans ces circonstances. Il ne lui en tiendra pas rigueur, notamment parce que le Français a marqué, mais le message est passé.

Malin, Luis Enrique a bien compris au langage corporel de ses troupes que tous n'étaient pas convaincus. Les offensifs, Dembélé, Ramos, Kolo Muani en tête, veulent tirer et estiment anormal que la tâche revienne à un milieu de terrain plutôt qu'à un attaquant. Ils s'en ouvrent auprès de leur capitaine Marquinhos, qui partage leur avis et le remonte au coach. Le lendemain, une séance de tirs au but est organisée au Campus PSG. C'est un test. Certains comme Ousmane Dembélé, Achraf Hakimi et Vitinha s'en sortent particulièrement bien. Ce dernier, qui tire à la façon de Neymar avec une course lente à base de petits pas avec un presque temps d'arrêt au moment de frapper, donne l'impression d'être infaillible sur cet exercice. Luis Enrique se délecte de chacune de ses frappes et ne s'en cache pas, accompagnant chacune des courses de son joueur par des « *mamma mia* ! » avec les yeux qui pétillent.

Le surlendemain, il décide d'organiser un vote sous forme de consultation… avec une vision de la démocratie très personnelle. Contrairement au scrutin pour désigner les capitaines, ce sera un vote plus informel. Celui-ci a lieu dans le vestiaire du centre d'entraînement : un scrutin sans véritable règle, durant lequel Luis Enrique interroge à tour de rôle tous les joueurs. La question est claire : qui veux-tu voir tirer les penalties ? Tous les offensifs répondent à la première personne du singulier. Pour le reste, la grande majorité ne donne pas de nom, pour ne pas créer de tension, mais précise vouloir voir un joueur offensif prendre cette responsabilité. Voyant que cette consultation n'aura pas l'issue souhaitée, Luis Enrique explique que dans tous les cas, et peu importe l'avis général, c'est lui qui décide. Ce qui fera prononcer, en privé, le mot « dictature » à certains déçus. Un détail sans grave conséquence. Mais qui pourrait, par accumulation, avoir son importance quand l'euphorie de la Ligue des champions sera retombée.

3

Le nouveau rôle de Nasser Al-Khelaïfi et l'évolution de la communication parisienne

Si l'on devait résumer les deux dernières saisons du Paris Saint-Germain, le mot « apaisement » serait sans doute le plus approprié. À tous les étages. Comme si le club avait enfin trouvé l'équilibre parfait ou presque entre toutes les strates en place : les bonnes personnes, dans les bons rôles, au bon endroit, sans ingérence ni interventionnisme surfait. Aboutir à une mise en place hiérarchique efficace et saine est souvent le plus grand défi de toute entreprise, fusse-t-elle un club de football de renommée internationale. C'est sans doute sur ce plan que le PSG a le plus appris en quatorze ans d'ère qatarie. Quatorze années avec le même homme aux manettes : Nasser Al-Khelaïfi.

Le commercial d'abord, le sportif ensuite

Son nom est connu du grand public, y compris des non-amateurs de football, ce qui en dit long : connaissez-vous le nom du président de Liverpool ? De Manchester City ? De l'Inter Milan ? Du Bayern Munich ? Non, ça ne va pas de soi de devenir une figure aussi médiatique quand on est président d'un grand club de foot. Nasser Al-Khelaïfi a même un acronyme, NAK, connu de tous. C'est dire. Depuis sa prise de fonction à la tête du club, ce très proche de l'émir du Qatar aura tout connu. Tout tenté aussi. Mais avec un mot d'ordre : la réputation médiatique et l'image de marque d'abord, le sportif suivra. Sauf que le football n'est pas un business comme un autre, et ce PSG aura mis du temps à le comprendre. À force d'empilement de stars, de surface financière illimitée et de domination absolue sur la scène nationale, Paris a grandi drastiquement sur la scène médiatique. Au point de devenir un des plus grands vendeurs de maillots au monde, d'ouvrir des boutiques façon écrins de luxe comme sur la Cinquième Avenue à New York et surtout de devenir, en 2024, le troisième club de football au monde à dégager le plus gros chiffre d'affaires derrière le Real Madrid et Manchester City (sans bénéficier des mêmes revenus de droits TV que son rival britannique notamment). Une réussite commerciale exceptionnelle. Mais avec deux hics :

le premier, purement sportif, concerne la Ligue des champions avec quatorze ans à courir derrière le trophée malgré des moyens sans limite ; le deuxième est moins palpable et concerne l'éternel débat autour des nouveaux riches, avec une « aristocratie » de clubs au prestige ancré depuis des décennies voire des siècles et qui voient toujours d'un mauvais œil les nouveaux rivaux qui se dressent sur leur route. À cet égard, des Bayern Munich, Real Madrid, Manchester United, Juventus ont longtemps peu apprécié ce modèle de club-État comme le PSG et Manchester City, considérant qu'ils brisaient des règles tacites depuis longtemps établies et qui, selon eux, créaient une certaine équité. Qui, entendons-nous bien, était assez factice si l'on prend en compte les écarts de moyens colossaux qui existent depuis des lustres, dans chaque championnat, entre les « gros » et les « petits ».

L'ancien joueur de tennis a tenu contre vents et marées : critiques de toutes parts, échecs sportifs malgré des centaines de millions d'euros investis chaque année, conflits plus ou moins ouverts avec d'autres clubs de Ligue 1 et surtout européens… il semble indéboulonnable. Et il a voulu très vite affirmer son autorité. Le président ne laissait pas tant de place que ça à ses entraîneurs. Avantage : les coups venaient rapidement sur Nasser Al-Khelaïfi, laissant un peu de répit au reste de l'organigramme en cas de déconvenue. Inconvénient :

le dirigeant qatari a parfois fragilisé sa position à force de s'exposer. Il a surtout donné le sentiment de cannibaliser l'attention mais aussi de réduire fortement – et dans certains cas d'annihiler – la marge de manœuvre des hommes en place pour la gestion quotidienne du club (entraîneur, staff, directeur sportif, directeur général…). Pas facile de s'imposer face au tout-puissant proche de l'émir Al-Thani, jamais remis en cause depuis le rachat du club par le Qatar. D'autant plus qu'il est consulté pour toutes les prises de parole qui n'interviennent pas dans le cadre des compétitions. Les jours qui ont précédé la finale de la Ligue des champions, par exemple, le président du PSG a demandé à ce que personne ne parle dans les médias en dehors des conférences de presse prévues par le protocole, pour que tout le monde se concentre sur le terrain. Reste que sa façon de communiquer a changé. Sa parole se veut plus posée, moins à chaud. En témoigne cette volonté de privilégier les interviews plus longues. Comme il a pu le faire dans l'émission *Rothen s'enflamme* sur RMC en novembre 2024 ou quelques mois plus tôt dans *Bartoli Time*. Comme il l'a fait sur France 5 dans une émission grand public comme *C à Vous* après le sacre en Ligue des champions. Peser ses mots mais surtout prendre le temps de bien expliquer ses idées, de détailler ses ambitions et de réagir aux questions et relances des journalistes. Un exercice qu'il maîtrise de mieux en mieux, en français dans le texte. Même s'il conserve tout de même un certain goût pour les interventions en zone mixte après les matchs du PSG : moins qu'avant en revanche, et plutôt après des matchs très importants (notamment en Coupe d'Europe), ce qui reste assez rare pour un dirigeant de grand club européen.

Des ennuis judiciaires et un nouvel exercice du pouvoir

Depuis son arrivée au sein du Paris Saint-Germain, Nasser Al-Khelaïfi s'est comporté en meneur d'hommes, parfois autoritaire diront ses détracteurs en interne. Le patron, c'est lui. Et son objectif est que le travail soit bien fait, le plus vite possible. Ce qui ne va pas sans une certaine dose de pression, que certains de ses collaborateurs jugent positive. D'autres rappellent simplement qu'on ne dirige pas un club de cette importance dans l'empathie, surtout avec de telles sommes en jeu. Reste que quand les consignes arrivent, mieux vaut être bien accroché.

En plus d'être président du PSG, NAK a, durant plusieurs années, également assumé les fonctions de directeur général du club, dans un cumul qui n'est pas courant à ce niveau. Le dirigeant du PSG a toujours su largement récompenser ses fidèles ou les gens qui ont, selon lui, bien fait leur travail. Avant le cas Kylian Mbappé, aucun joueur ne s'était plaint de salaires impayés. Avec une autre petite exception : après la victoire contre Barcelone, en quart de finale de la Ligue des champions en 2023, le président avait promis une prime généreuse aux joueurs. Ils ne la toucheront jamais, en tout cas pas dans les proportions annoncées. Dans un sourire, l'un des cadres en attaque au fait de ces sujets expliquera qu'il savait que l'argent ne serait pas versé parce que rien n'avait été contractualisé. C'est ce qui caractérise aussi l'homme : il est passionné et a parfois tendance à gouverner sous le coup des émotions. Il a progressé aussi en ce sens, par exemple en acceptant de se séparer d'un Marco Verratti qu'il tient en très haute estime. Mais il l'a fait pour le bien du collectif et pour satisfaire la volonté du duo Luis Enrique-Luis Campos. L'image du tyran que retiennent certains n'est pas la bonne. Car son autorité ne va pas sans émotion ni sans une conscience de la posture à adopter avec chacun.

Même un Christophe Galtier, qui n'aura évolué qu'une saison sur le banc parisien, a pu compter sur le réseau de NAK pour rebondir au Qatar, en tant qu'entraîneur d'Al-Duhail. Laurent Blanc, lassé de se contenter des greens de golf après son départ de Paris, avait lui aussi retrouvé un banc dans le championnat qatarien en 2020, à Al-Rayyan. Ingrat, Nasser Al-Khelaïfi ne l'est pas. Il sait récompenser la fidélité.

Après des années à conserver les mêmes méthodes, notamment sur la scène médiatique ou en interne avec le contrôle de chaque contrat et de chaque piste de recrutement, Nasser Al-Khelaïfi a fini par évoluer. S'il n'a pas quitté ses fonctions, il a fait évoluer son rôle, ou plutôt sa façon de l'exercer et il faut aussi saluer cette prise de conscience et ce changement qui vont s'avérer payants. Monter au front en première ligne, c'est fini ou presque.

Sont-ce ses ennuis judiciaires qui l'ont poussé à se mettre un peu en retrait ? Le président du PSG a été mis en examen, en février 2025, pour « complicité d'achat de vote et d'atteinte à la liberté du vote » et « complicité d'abus de pouvoir » dans le dossier concernant la gouvernance du groupe Lagardère. L'ancien lobbyiste franco-algérien Tayeb Benabderrahmane, accusé d'espionnage et de chantage par le Qatar, assure avoir été contraint de signer un accord de confidentialité après séquestration dans une affaire judiciaire aux multiples rebondissements, sans que la justice française n'aille jusqu'à condamner Nasser Al-Khelaïfi. Un dossier à tiroirs dont certains entendront parler comme des « barbouzeries du PSG » et dans lequel l'ancien directeur de la communication du PSG, Jean-Martial Ribes, a été mis en examen pour « corruption et trafic d'influence ». NAK n'a jamais été condamné pour ces faits. Mais ils ont fait planer au-dessus de sa tête un nuage de soupçon.

Le volet judiciaire n'est toutefois pas la principale explication. Nasser Al-Khelaïfi voulait surtout occuper l'espace médiatique différemment. Poussé notamment par son homme de confiance David Sugden, avocat de profession, il organise, au cours de la saison, des petits-déjeuners avec certains journalistes lors desquels il explique sa stratégie en off. Ce n'était pas le cas avant. Il va aussi désormais s'atteler à prendre la parole lorsque cela se justifie, en cas de grosse déconvenue comme après le match face au Bayern, ou après de grandes réussites (qualification contre Liverpool ou pour la finale...). Luis Enrique, qui s'exprime toutes les semaines en conférence de presse, incarne la voix du Paris Saint-Germain au quotidien. Celle de l'institution est portée par NAK.

Il faut aussi tenir compte du contexte géopolitique. Quand il rachète le club parisien en 2011, le Qatar déploie une stratégie plus globale d'investissements en France, notamment dans la capitale, qui va de prises de participations dans des entreprises à des acquisitions immobilières en passant par les médias. Au-delà des retombées économiques espérées, il s'agit pour le petit État du Golfe de s'installer petit à petit comme un acteur majeur sur la scène internationale. Le PSG est devenu sa vitrine la plus visible mais en coulisses, ce sont des liens politiques qui se nouent entre le

Qatar et la France. Fin 2022, *Complément d'enquête* et Mediapart font des révélations sur l'enquête au long cours concernant l'attribution de la Coupe du monde 2022 au Qatar. L'ancien chef de l'État Nicolas Sarkozy, notamment, est soupçonné d'avoir joué un rôle d'intermédiaire entre le vendeur du club (Sébastien Bazin au nom du fonds Colony Capital) et l'acheteur potentiel. Au-delà de l'intérêt économique de cet investissement, certains y verront une pièce placée dans la machine diplomatique, un lien tissé entre le président de la République de l'époque et l'État du Qatar. Qui a le plus servi l'autre dans cette affaire, chacun se fera son avis, la justice n'ayant pour l'instant rien trouvé à redire dans cette transaction. Mais en plus de dix ans, la donne a changé et la position qatarienne a évolué. Le Qatar n'a plus besoin de faire ses preuves, il s'est fait un nom sur la scène internationale. En témoigne son rôle d'intermédiaire entre Israël et le Hamas, après l'attentat du 7 octobre 2023, pour activer des leviers diplomatiques qui permettront la libération d'otages israéliens en échange de prisonniers palestiniens. Preuve du bond en avant gigantesque accompli par l'État princier en quelques années. Dans ce nouveau contexte, il n'y a plus besoin de faire connaître le nom « Qatar » au monde. Plus besoin non plus de multiplier les formes d'investissements économiques et démocratiques au nom de la visibilité du pays. Il s'agit surtout d'entretenir sa position, politiquement, diplomatiquement et financièrement. Le PSG est devenu l'un des nombreux investissements du Qatar. Au point de se demander à quelle échéance l'État du Golfe pourrait envisager de se désengager du club. À date, ce n'est pas prévu, même si de nouveaux partenaires pourraient entrer au capital, comme l'a fait de façon minoritaire le basketteur américain Kevin Durant en juin 2025.

Reste en tout cas le constat d'un véritable changement à la tête du Paris Saint-Germain : certes, le président est toujours le même, mais son rôle a évolué. Et tout s'imbrique. Le dossier Kylian Mbappé a changé la donne au club et surtout dans l'esprit de Nasser Al-Khelaïfi, qui a longtemps refusé de constater que le modèle d'empilement de stars du football n'était pas le plus opportun pour aboutir au succès sportif. Les départs de Lionel Messi, de Neymar puis du champion du monde 2018 ont agi comme un électrochoc, même si les trois n'ont pas laissé la même empreinte : s'il n'a pas été le joueur éblouissant de ses grandes heures barcelonaises, l'Argentin a encore renforcé l'aura et l'attractivité du PSG à l'international, avec un nouveau champion du monde sacré… au Qatar et un Ballon d'Or en prime ; dans le cas du Brésilien, ce sont surtout les regrets qui dominent, même s'il aura clairement fait franchir un palier au club, par ses performances (il fut l'un des grands artisans de la qualification pour la finale de la Ligue des champions 2020) et surtout par son impact médiatique ; quant au Français, il n'y a pas grand-chose de négatif à dire sur ses performances individuelles, mais la fin aura été aussi amère que l'histoire d'amour avait été flamboyante.

Nasser Al-Khelaïfi ne se contente pas de communiquer différemment sur la scène médiatique, il évolue aussi dans l'aspect décisionnaire de son rôle quotidien du club et a su se mettre davantage en retrait pour laisser la lumière à son duo de Luis. Même si le dirigeant garde la main pour donner le dernier go, ou le coup de pouce financier supplémentaire nécessaire pour clore une négociation. Le Portugais et l'Espagnol ont donc récupéré la pleine charge du sportif. NAK, lui, a pu se réorienter vers d'autres sphères, en gardant un œil toujours très attentif à la vie quotidienne du club. Quitte à retrouver son naturel sur certains dossiers mercato, par exemple en imposant Randal Kolo Muani à la toute fin du marché des transferts estival en 2023. Après avoir dicté tous les choix ou presque des dix années précédentes, Nasser Al-Khelaïfi doit encore parfois apprivoiser le nouveau rôle qu'il s'est lui-même fixé. Même si au fond, il se juge comme l'incarnation principale du club derrière la figure sportive Luis Enrique. Toujours très impliqué et très présent, il est de toutes les échéances importantes. Il n'a par exemple pas raté un match de la Coupe du monde des clubs aux

États-Unis. Si Luis Enrique est celui qui s'exprime le plus, et avec une grande liberté, NAK est parfois rattrapé par son naturel. Ce n'est pas forcément négatif. Mais cela peut donner l'impression d'invisibiliser Luis Campos qui, en tant qu'incarnation de la direction sportive, pourrait prétendre à plus de place.

Un nouveau rôle européen en pleine crise de la Super League

Dans les longs entretiens qu'il privilégie désormais, Nasser Al-Khelaïfi est attentif à ne pas parler uniquement des résultats immédiats de l'équipe première : le dirigeant préfère élargir le champ des sujets proposés, en parlant ambitions à moyen et long termes, formation, projet de nouveau stade, section féminine. Et surtout gouvernance du football français et européen. C'est d'ailleurs dans ce rôle qu'il semble s'épanouir, pas toujours pour le plus grand bonheur de ses homologues d'autres clubs… au point que certains alliés deviennent petit à petit des adversaires. Sur la scène internationale, Nasser Al-Khelaïfi s'est installé comme une figure incontournable. Notamment dans son rôle de président de l'Association européenne des clubs (ECA), poste auquel il a été nommé en 2021 puis reconduit en 2023. Dans son camp, on affirme que les critiques par rapport à son rôle à l'ECA sont injustifiées. On ajoute aussi que le grand public ne s'intéresse à cette association que depuis que le président du PSG en a pris la tête. Et il faut avouer qu'avant son arrivée, l'ECA ne faisait guère parler d'elle et ressemblait plutôt à une structure symbolique sans poids réel.

Le timing est ici particulièrement important. Car le président du PSG a succédé à Andrea Agnelli. Alors président de la Juventus, l'homme d'affaires italien avait choisi de démissionner pour incarner un projet disruptif : celui de la Super League, qui a rapidement mis le feu aux instances européennes du football et entre des clubs qui se livrent, encore aujourd'hui, une guerre sur la philosophie future à adopter pour poursuivre le développement du ballon rond sur le Vieux Continent. Le 19 avril 2021, douze clubs européens annoncent la création d'une ligue semi-fermée qui promet de révolutionner le football, en termes de spectacle sur le terrain et en dehors mais surtout de rentabilité et d'attractivité. Trois chefs de file se dégagent rapidement : la Juventus, incarnée par son dirigeant Andrea Agnelli, le Real Madrid de Florentino Perez et le FC Barcelone, dirigé par Joan Laporta. Figurent aussi dans cette liste initiale de clubs qui ont donné leur accord : l'Atlético de Madrid, l'Inter, l'AC Milan, Manchester City, Manchester United, Arsenal, Liverpool, Chelsea et Tottenham. Aucun club français et surtout pas le PSG. Nasser Al-Khelaïfi sent parfaitement que la situation lui serait défavorable et qu'il peut la retourner habilement en restant à l'extérieur. L'idée de cette Super League : engranger plus de revenus en faisant concurrence à la Ligue des champions et à la Ligue Europa, avec une équité de traitement (et de rentes financières) entre tous les participants, auxquels s'ajouteraient chaque année plusieurs clubs « au mérite », qualifiés via leur championnat. Vingt clubs sont au départ visés, avec en plus un système de playoffs. Le tout financé par des fonds d'investissements et sociétés privées qui voient là une occasion en or d'avoir à leur main un produit premium, facile à vendre, avec uniquement des grands matchs au programme. Sauf que l'affaire va tourner au fiasco, au point de voir les clubs soi-disant engagés dans le projet se retirer rapidement. Ne resteront que trois irréductibles : la Juve, le Real et le Barça. Puis deux, le club turinois s'étant mis en retrait après le départ, l'année suivante, d'Andrea Agnelli.

Parmi les grands opposants au projet, deux clubs qui ont pourtant rarement été les meilleurs amis du monde ces dernières années dans le cadre des instances : le Bayern Munich et le PSG. Mais les deux entités – « l'ancien » et son fonctionnement plus traditionnaliste revendiquant une histoire et donc les privilèges qui vont avec, le « nouveau » avec les moyens quasi illimités d'un État – vont faire front commun. Avec Nasser Al-

Khelaïfi en tête de proue de l'équité footballistique et de la préservation du rayonnement des championnats nationaux, sous l'égide d'une UEFA seule habilitée à organiser des compétitions européennes. Un combat pour les « petits » qui ne manquera pas de faire rire jaune ceux qui soulignent depuis si longtemps à quel point Paris et Manchester City, club-États, ont bouleversé les équilibres en Europe pour engendrer précisément une grande inéquité sur les scènes nationales et continentale. Reste que le dirigeant parisien s'est montré une nouvelle fois très fin politicien : en parlant au nom de la Ligue 1, au nom des championnats nationaux, au nom de l'UEFA et au nom des supporters de chaque équipe, NAK a embarqué les sceptiques au point de redorer son image, y compris en France. Sa nomination à la tête de l'ECA, sorte de syndicat des clubs européens, en dit long sur la montée en puissance du président du PSG dans la hiérarchie du football européen. Il était un acteur important et écouté malgré de vives critiques, il est désormais incontournable.

Et tandis que la Super League se cassait petit à petit la figure pour ne garder publiquement que deux fervents défenseurs (le Real Madrid et le FC Barcelone), l'UEFA a su rebondir pour retravailler ses formats européens. Jusqu'à aboutir, en 2024, à une nouvelle formule lors de laquelle le spectacle proposé a emballé tout le monde… parce qu'il donnait aussi sa chance aux « plus petits », à l'instar d'un Stade Brestois qui a bluffé tous les observateurs au point de se hisser au stade des barrages… durant lesquels ils hériteront d'un PSG mort de faim et sans pitié. Le monde est petit.

Le « vrai » patron de la Ligue 1

Tandis que le tout-puissant Florentino Perez perdait de sa superbe et de sa crédibilité sur la scène internationale, Nasser Al-Khelaïfi acquérait un nouveau statut, qu'il a su mettre à profit. D'abord avec une hausse et une répartition du *prize-money* qui lui est favorable dans les compétitions continentales. Mais surtout… en Ligue 1. Et ce qui n'était qu'un sentiment impalpable, voire un fantasme, a sauté aux yeux du grand public entre février et mars 2025, avec la révélation, par plusieurs médias dont RMC Sport et *Complément d'enquête*, de la nature des échanges qui avaient eu lieu quelques mois plus tôt. Notamment ce 14 juillet 2024, lors d'une visio entre les présidents des clubs de Ligue 1 et Vincent Labrune. Il flottait dans l'air un parfum de vacances – certains étaient d'ailleurs visiblement sur leur lieu de villégiature, dont le président de Reims Jean-Pierre Caillot, en tenue estivale – mais les échanges n'avaient rien de léger ni de courtois. Il est ce jour-là question de la crise des droits TV et de la façon de rebondir après l'échec de l'appel d'offres – le fameux appel d'offres qui devait rapporter un milliard d'euros aux clubs de Ligue 1, selon la promesse initiale du patron de la LFP Vincent Labrune – pour limiter la casse. Et alors que la plupart des présidents de clubs, induits en erreur par le discours de l'instance et de ses dirigeants, pensent que beIN Sports va venir à la rescousse du football français en alignant un chèque entre 600 et 700 millions d'euros pour sauver le coup, tous tombent des nues. Car Nasser Al-Khelaïfi, juge et partie dans cette affaire en tant que président du PSG (et donc membre de la LFP) et patron de chaîne, n'a clairement pas l'intention d'aligner comme ça les centaines de millions d'euros. Surtout pour un produit comme la Ligue 1, dont l'attractivité a reculé ces dernières années à force de mauvaise gestion financière des clubs et de changements incessants de diffuseur, ce qui a contribué à éloigner les spectateurs des écrans (et non des stades, qui eux affichent un bon taux de remplissage). Le plan de NAK est le suivant : le lot principal chez DAZN (huit matchs sur neuf pour 400 millions d'euros) et un match éventuellement sur beIN Sports (pour 100 millions d'euros… ou presque, puisqu'une partie de cette somme est versée pour la promotion du Qatar dans les stades, ce que certains clubs refuseront de faire).

Le 14 juillet 2024, la réunion doit entériner cette répartition. Mais des voix commencent à s'élever face à l'omnipotence du président du PSG. Car il saute aux yeux de tous que Vincent Labrune, très souvent invité au Parc des Princes et que les joueurs peuvent parfois croiser en sortant du vestiaire, dans les couloirs, pour les grands matchs parisiens, ne pèse pas bien lourd dans les échanges avec le dirigeant qatari. Alors directeur général de LFP Media, Benjamin Morel (qui a depuis quitté son poste), émettait des doutes sur le choix de partager les droits en deux lots sur deux plateformes différentes. Nasser Al-Khelaïfi le recadre sèchement, sans aucune intervention de Vincent Labrune pour apaiser les tensions : « Depuis 18 mois, tu as mis la Ligue dans le pétrin », tacle NAK. « On est là à cause de toi. Tu ne sais pas comment conclure une affaire. […] Tu agis contre la Ligue, contre les clubs, contre tout le monde. » Les échanges qui ont filtré reflètent une réalité plus globale de la lutte d'influence au sein du football français. « Plusieurs présidents de clubs me l'ont assuré, c'est lui le vrai président de la Ligue », résumera Fabien Touati, auteur du *Complément d'enquête* consacré au président du PSG fin mars. Le poids financier du PSG, sa double casquette de dirigeant de club et de chaîne, son aura européenne et l'attractivité que continue d'apporter son équipe à un championnat qui souffre d'un manque de visibilité lui ont conféré une position dominante, particulièrement sur le sujet des droits TV et de leur répartition.

Durant cette année de flou autour de l'avenir de la Ligue 1, sur fond de crise des droits audiovisuels, Nasser Al-Khelaïfi a certes prouvé sa toute-puissance, mais il a aussi pris conscience de possibles répercussions négatives sur son image, notamment auprès du grand public. C'est aussi en ce sens qu'il a accepté avec plaisir la main tendue de John Textor en marge de PSG-Arsenal. Pas si étonnant : les Qataris savent recevoir et l'ont souvent prouvé à leurs adversaires. Comme récemment, au moment du match de Ligue des champions face à Brest, avec une direction parisienne aux petits soins pour féliciter les Brestois de leur parcours, entre dîner, cadeaux, film des exploits brestois et autres petites attentions. C'est ainsi que l'on soigne son réseau et son aura. Car NAK continue de l'apprendre, en tant que président du PSG ou politicien, sur la scène sportive ou médiatique : la diplomatie est bonne conseillère.

Luis Enrique, nouveau dépositaire de la communication parisienne

Puisque le président a décidé de faire confiance aux hommes en place sur le volet sportif, charge à eux d'assumer la lumière et les responsabilités des résultats. Homme de l'ombre, Luis Campos n'est pas un grand fan des caméras. C'est donc Luis Enrique qui va endosser le costume de communiquant. Après tout, il est perçu comme celui qui a apporté de la crédibilité au projet parisien. À entendre les directeurs sportifs et les présidents des gros clubs européens en Allemagne, en Espagne ou en Angleterre, ils sont unanimes : c'est une équipe qui travaille bien autour d'un entraîneur aux idées claires et d'un projet bien défini… bien loin des années précédentes. De prime abord, on aurait tendance à dire qu'il déteste l'exercice médiatique. Mais le technicien espagnol a développé depuis longtemps un certain goût de l'exercice… à sa manière. On l'a vu dans sa gestion des joueurs et sa vision du jeu de son équipe : l'ancien coach du Barça a ses idées et entend les appliquer comme bon lui semble. Les donneurs de leçons peuvent se rhabiller, il n'a que faire de leurs doutes et leurs remarques.

Les journalistes sont parfois vus comme des « fouteurs de merde » ils pratiquent d'ailleurs l'un des métiers les plus détestés de France, sans doute surtout parce qu'il est l'un des plus mal compris – mais leur fonction n'est pas si différente de celle d'un entraîneur. Car dans les deux cas, l'une des missions qui leur incombent consiste à commenter le travail des autres. Dans les tensions (très raisonnables tout de même, il ne faudrait pas aller jusqu'à parler de conflit) passées entre Luis

Enrique et les médias français, il y a parfois eu de l'incompréhension. La barrière de la langue n'a pas toujours aidé. Mais même en Catalogne, lors de son expérience sur le banc du Barça, Luis Enrique n'hésitait pas à remettre à leur place des journalistes dont il jugeait les sous-entendus trop critiques et injustes.

Certains journalistes, dans le milieu depuis longtemps, ont été parfois accusés de se montrer réticents à vanter les qualités d'un coach étranger, et de chercher à tout prix à défendre des entraîneurs français. Si ces journalistes au patriotisme exacerbé existent dans le milieu de la presse footballistique, alors ils ne sont qu'une poignée (on les cherche tout de même encore). Reste que se faire comprendre de l'autre quand on ne parle pas la même langue n'est pas évident. Traduire, c'est trahir, et même quand la traduction est impeccable, elle peut toujours enlever la subtilité du propos initial. D'autres entraîneurs étrangers ont préféré s'exprimer dans la langue du pays dans lequel ils exerçaient, avec un succès relatif ce qui a par exemple valu des moqueries (très injustes) à Unai Emery. À l'instar d'un Marcelo Bielsa, Luis Enrique préfère s'exprimer en espagnol, promettant de commencer à répondre en français quand il le maîtriserait parfaitement. Il le fera avec aise, peu après le sacre en Ligue des champions, n'hésitant pas à mener des interviews d'avant et d'après match intégralement dans la langue de Molière.

Luis Enrique est vif d'esprit et cette maîtrise rapide de la langue française témoigne aussi d'une forme d'intelligence. Dans tous les cas, le Sévillan assume son fort caractère et veut rester droit dans ses bottes en toutes circonstances. Il peut aussi arriver que la franchise soit perçue comme un excès de confiance ou d'orgueil. Chacun jugera. Mais l'entraîneur espagnol n'a jamais trop goûté qu'on remette en cause ses choix. Il n'a d'ailleurs pas caché sa lassitude à l'idée de répondre, à chaque conférence de presse, aux mêmes questions sur le repositionnement de Kylian Mbappé en numéro 9, sur la baisse du temps de jeu de Bradley Barcola face à l'éclosion de Désiré Doué, sur son obsession de la possession… Avec une légère tendance à la paranoïa tout de même. « L'état d'esprit est exceptionnel. Le plus triste du groupe, c'est moi, donc imaginez comment se sentent les autres. Vous (les journalistes) pouvez m'envoyer vos réflexions et questions parfois négatives, je ne crains rien ! Je sens quelque chose de négatif dans le climat actuel, oui, mais je peux me tromper », avait-il par exemple lâché avant la demi-finale aller de Ligue des champions contre Arsenal. Des propos qui reflètent le climat qu'il a voulu installer entre lui et les joueurs : faire front contre la presse. « Soyons unis » et faisons bloc contre tout corps étranger. Contrairement à Christophe Galtier, qui pouvait tirer à boulets rouges publiquement sur ses joueurs les plus jeunes de son effectif généralement , Luis Enrique est prêt à défendre tous ses joueurs face aux médias, quitte à parfois s'arranger avec la vérité et à tout prendre sur lui en assurant que tout relève de ses propres choix. Dans la protection du groupe, il faut saluer un vrai savoir-faire qui a fait ses preuves. L'Espagnol agit comme une barrière et comme le premier fusible. Il a su, au fil des deux saisons, retirer la pression des épaules des joueurs et la prendre sur lui quand ça n'allait pas, pour être le premier à qui l'on demande des comptes. Dans la manière d'aborder les grands rendez-vous de Ligue des champions, le Paris Saint-Germain a eu souvent du mal à se montrer fiable et confiant à des moments importants. Si le club de la capitale a évolué à ce niveau, le natif de Gijon y est pour beaucoup.

Ce jour-là, il était question de la défaite contre Nice et du match nul face à Nantes en championnat, qui pouvaient faire penser à un coup de mou du PSG avant cette échéance majeure. Toute la communication de Luis Enrique est là : son envie de parler du jeu, son amour du football mais aussi son art de glisser quelques piques quand il les juge nécessaires. Après tout, il est désormais seul ou presque dans la ligne de mire des médias. Sans que cela ne le dérange : à Barcelone déjà, il préférait prendre les coups à la place de ses joueurs, s'accommodant très bien d'être la cible principale des critiques. Les épreuves de la vie (notamment le décès de sa fille Xana, en 2019, des suites d'un cancer alors qu'elle n'avait que 9 ans) lui ont appris à relativiser tout ce qui concerne le football. Devant son groupe, il aborde tous les matchs avec la même envie. Ce qui peut parfois décontenancer. Ses joueurs lui découvrent finalement une capacité à dédramatiser les événements qui leur fait du bien.

À quelques semaines à peine de l'échéance de la Ligue des champions, la grande réconciliation générale a été scellée entre les médias et Luis Enrique. Un journaliste salue son travail, le remercie pour les émotions procurées et reconnaît que les échanges ont pu un temps être critiques. L'Espagnol prouve alors ses progrès dans la langue de Molière merci à son épouse, qui parle « parfaitement français » selon lui et lui a donc permis de progresser en répondant aux journalistes présents : « Quand un entraîneur arrive dans un nouveau club, dans un autre pays, avec une langue différente, je pense que c'est difficile (pour vous) de comprendre tout ce que pense cet entraîneur. Mais je n'ai rien de mauvais à dire parce que dès le premier jour, j'ai reçu beaucoup d'amour et de compréhension de la part des gens, que ce soit les gens du club, les joueurs, les supporters. Quand on arrive dans un club, la première année, tout le monde va critiquer, c'est normal. "Je ne comprends pas ce qu'il fait !" C'est normal, je suis habitué à ça. Je pense qu'on a eu la bonne mentalité pour maintenir notre pensée et avoir notre crédibilité. Mais ce n'est pas le moment de mal parler de l'entraîneur, c'est celui de bien parler de la connexion entre les supporters et l'équipe. » Avec une petite formule de conclusion qui résume tout, aussi bien l'homme que l'entraîneur ou tout ce qui se passe au PSG depuis deux ans : « Je pense qu'on apprend. »

4

Jorge Mendes et Moussa Sissoko, agents si puissants

Que les choses soient claires : ceci n'est pas une spécificité parisienne. Mais au PSG comme dans d'autres grands clubs, certains agents ont pris une place très importante. Question de carnet d'adresses, de fidélité, parfois de récompense, souvent de confiance. Difficile de ne pas mentionner Jorge Mendes, l'agent le plus influent du monde et quasi unanimement identifié comme numéro 1 dans sa profession, aussi intransigeant dans les négociations que malin pour caser les bons joueurs aux bons endroits. Il est aussi connu pour très bien négocier les conditions salariales de ses clients. Preuve de sa puissance : celui qui a longtemps géré les intérêts de Cristiano Ronaldo, alors au sommet de sa carrière, s'occupe désormais aussi d'un certain Lamine Yamal.

Natif de Lisbonne, fils d'un père ouvrier et d'une mère au foyer, sa réussite exemplaire lui permet de jouir d'un réseau absolument exceptionnel, qui ne se limite pas aux joueurs. Bien loin de ses premiers petits boulots de vendeur de chapeaux ou autres objets tressés par sa mère sur la plage pour aider sa famille à joindre les deux bouts. Jorge Mendes, qui s'habille désormais de costumes sur mesure, a depuis longtemps compris qu'il lui fallait avoir quelques orteils, un pied voire les deux au cœur de la machine, et donc dans les états-majors des grands clubs européens. Il est notamment très proche de Deco, en charge de la direction sportive du Barça et dont il gérait la carrière de joueur, qui était présent à son mariage en août 2015, tout comme le président du Real Madrid Florentino Perez. C'est lui qui a placé Hugo Viana au poste de directeur du football à Manchester City, à la place de Txiki Begiristain. Il a géré les intérêts de Ruben Amorim avant que celui-ci ne prenne le banc de Manchester United, s'occupe des intérêts des entraîneurs de Fulham (Marco Silva), Wolverhampton (Vitor Pereira) ou Nottingham Forest (Nuno Espirito Santo). C'est aussi lui qui a placé Gennaro Gattuso au poste de coach de l'OM en 2023. Il est aussi proche de nombreux propriétaires de clubs. En résumé : Jorge Mendes est partout et dans le monde des agents, personne ne boxe dans sa catégorie.

Jorge Mendes, le super-agent derrière Vitinha, Neves et Zaïre-Emery

Les liens du super-agent portugais avec Luis Campos sont anciens : les deux hommes se connaissent et n'ont pas besoin de round d'observation pour se parler franchement et négocier sur les sujets importants. Sans aller jusqu'à dire qu'ils sont amis (malgré les rumeurs qui prêteront aux deux hommes des affaires qu'ils n'ont jamais conclues), Jorge Mendes affiche une vraie proximité avec son compatriote, avec qui il avait déjà bouclé de nombreux dossiers lorsque Campos avait pris les rênes du sportif à Monaco aux côtés de Vadim Vasyliev. À Monaco, il est celui qui a permis les recrutements de Radamel Falcao et James Rodriguez, la vente d'Anthony Martial en Angleterre pour 80 millions d'euros bonus inclus : on deviendrait indispensable pour moins que ça. Mais à Paris, il est aussi proche de Nasser Al-Khelaïfi, avec qui la relation était forte avant même l'arrivée du conseiller sportif portugais.

Ces liens avec la présidence monégasque et la direction parisienne lui permettront de s'intégrer sur un énorme deal : en 2017, Vadim Vasyliev lui confie le mandat exclusif de vente pour Kylian Mbappé, que tous les grands clubs rêvent de faire signer. Mais le Real Madrid, le Barça, Manchester City, United seront tous battus par le PSG. Jorge Mendes croisera la route de NAK pendant les réunions entre le patron de Monaco et la mère de Mbappé, Fayza Lamari. L'affaire finira par se conclure en prêt avec option d'achat de 180 millions d'euros.

C'est pourtant avec un joueur moins « star », Gonçalo Guedes, que Jorge Mendes va poser fermement un pied au PSG. Un ailier gauche-milieu offensif prometteur qui arrive de Benfica en janvier 2017 pour 30 millions d'euros. Le plus souvent remplaçant, il ne parviendra pas à s'imposer à Paris. Mais c'est là que l'agent excelle : il ne réclame pas de prêt avec option d'achat pour trouver une porte de sortie à son client. Il promet plutôt de le vendre au moins au prix d'achat. Ce sera davantage : d'abord un prêt sec, sans option, à Valence à l'été 2017, au sein du club détenu par Peter Lim, dont il est proche. Pour sceller un transfert à 40 millions d'euros hors bonus l'été suivant, grâce aux bonnes performances du joueur en Espagne. Cette capacité à ne pas faire perdre d'argent, ni aux joueurs ni aux clubs, Jorge Mendes la prouvera quelques années plus tard avec Manuel Ugarte, acheté 60 millions d'euros à l'été 2023 et revendu au même prix à Manchester United un an plus tard, sans avoir brillé au PSG.

Vitinha, Zaïre-Emery (pour qui il a obtenu un premier contrat professionnel XXL avec une part variable qui le plaçait alors dans le top 5 des joueurs les mieux rémunérés du vestiaire à ce moment-là), Gonçalo Ramos, Bradley Barcola (qui est désormais représenté par Moussa Sissoko), Manuel Ugarte,

Marco Asensio, Danilo Pereira, Joao Neves… autant de joueurs dans le portefeuille de Gestifute, l'agence de Mendes. Lequel a aussi servi d'intermédiaire pour la venue de Keylor Navas. Certains pointeront le danger de voir l'ombre de Jorge Mendes constamment planer au-dessus du club parisien. Mais il faut avouer que la largeur de son catalogue de joueurs et son flair ont rendu, rendent et rendront bien des services. À condition d'avoir une direction sportive forte, capable de garder du recul sur les propositions de l'agent et de la poigne dans les négociations. Le PSG aime aussi son relationnel et sa capacité à résoudre des problèmes qui pourraient apparaître avec certains de ses joueurs. Avec un bémol inhérent à la santé financière de Paris : le PSG paiera souvent au prix fort les joueurs que le club recrutera. Une sorte de surtaxe pour les clubs les plus riches, comme c'est aussi le cas pour Manchester City ou, à une autre échelle, pour les clubs d'Arabie saoudite. Depuis un an, le club veut arrêter de payer cette « taxe PSG ». Cela se fera progressivement.

Depuis Leonardo et ses liens avec un autre super-agent, Mino Raiola (décédé en avril 2022, qui gérait notamment les intérêts de Zlatan Ibrahimovic ou Marco Verratti), Jorge Mendes a gagné en puissance au sein du Paris Saint-Germain. C'est aussi une question de changement de politique sportive : décider de sortir du modèle 100 % stars pour partir sur un collectif moins clinquant et plus cohérent ne se fait pas en claquant des doigts. Et si Luis Enrique et Luis Campos ont, chacun dans son rôle, des idées bien définies sur les profils à recruter, Jorge Mendes peut avoir un pouvoir de suggestion important. Parmi ses grandes réussites récentes, les cas Vitinha et Joao Neves, arrivés à deux ans d'intervalle pour combler les besoins au milieu de terrain avec leur sens du jeu, leur technique et leur polyvalence. Paris s'était promis d'en faire des top joueurs, eux étaient prêts à travailler très dur pour ça. Humbles et déterminés, les deux hommes se sont hissés aux rangs des joueurs les plus courtisés par les grands clubs à ce poste. Ils ont pourtant envie de s'inscrire dans la durée au PSG.

Bradley Barcola, lui, est arrivé à Paris en 2023. À l'époque, il n'était pas contre l'idée de faire une nouvelle saison à l'OL. Mais le club n'était pas en mesure de s'aligner financièrement et a fait comprendre à son joueur qu'un départ serait la meilleure solution, à condition de s'y retrouver. Le PSG a sauté sur l'occasion. Jorge Mendes a donc négocié un transfert à 50 millions d'euros et, dans un jeu d'échecs qu'il maîtrise parfaitement, a donné un coup de main pour faire venir Ernest Nuamah et Diego Moreira à Lyon, facilitant aussi l'arrivée de Bruno Lage sur le banc de Botafogo, autre club de la galaxie Eagle. S'il a rapidement marqué les esprits à son arrivée à Paris, Bradley Barcola aura connu quelques périodes plus délicates. Comme d'autres avant lui, l'attaquant va découvrir les pièges de la vie parisienne. Sur le terrain, il a su faire taire les critiques, y compris en sortie de banc. Mais la rumeur d'un malaise du joueur – notamment face à son statut de remplaçant en finale de Ligue des champions – a réveillé les intérêts de gros clubs européens, particulièrement le Bayern Munich. À Paris, depuis le traumatisme Kylian Mbappé, aucun joueur déterminé à partir ne sera retenu, à condition d'une offre satisfaisante. Quitter Paris a fait plus que traverser l'esprit de Barcola mais il devrait à priori rester au PSG, où une offre de prolongation lui sera proposée.

Jorge Mendes est si puissant qu'on lui prête parfois des deals qu'il n'a pourtant pas assurés, comme le transfert de Khvicha Kvaratskhelia de Naples à Paris à l'hiver 2025. Des rumeurs qui ont pu parfois lui porter préjudice. Et qui, dans ce cas précis, pourraient peut-être être un début d'explication au changement d'agent de Bradley Barcola, désormais soumis à une rude concurrence au poste d'ailier, et qui a opté pour l'écurie Moussa Sissoko depuis la fin de la saison 2024-2025.

Moussa Sissoko, une influence qui ne cesse de grandir

Après la finale de la Ligue des champions remportée face à l'Inter Milan, Nasser Al-Khelaïfi tombe dans les bras d'un homme sur la pelouse de l'Allianz Arena de Munich. Une image forte qui semblerait presque anodine pour un public non averti. Mais cet homme qui enlace le président du PSG s'est installé comme un relais privilégié des dirigeants ces deux dernières saisons. Cet homme, c'est Moussa Sissoko – rien à voir avec le joueur passé par Toulouse ou Tottenham –, agent qui s'installe peu à peu comme un incontournable pour le club parisien.

Faire les quatre cents coups à Beauvais dans sa jeunesse peut révéler certains traits de caractère. Moussa Sissoko tire de ses jeunes années un certain sens de la filouterie et une habileté qu'il utilisera par la suite au service de ses affaires. Et une capacité à mettre son empathie naturelle de côté quand il s'agit d'entrer en négociation. Avec la réputation de négocier de très bons contrats pour ses joueurs : un critère qui permet aussi de fidéliser ses clients.

À 41 ans, Moussa Sissoko a compris depuis longtemps que ce qui fait la force d'un agent, c'est son réseau. Et il a rapidement su tisser sa toile à l'international, là où l'ancienne génération d'agents était davantage tournée vers un réseau national et de proximité. Mais depuis plusieurs années, les tractations se font de plus en plus rarement entre clubs français pour un joueur français sur le sol français. C'est notamment en s'installant en Angleterre, plaque tournante du football avec un championnat réputé comme le meilleur du monde, que l'agent a pu soigner son carnet d'adresses. Et c'est là un trait de caractère important : Moussa Sissoko est un autodidacte. Son métier d'agent, il ne l'a pas appris en optant pour une filière commerce ou communication à l'université. Il a forgé son savoir-faire sur le terrain, au gré de ses rencontres et de ses expériences.

De prime abord, le fait qu'il soit un agent important ne saute pas aux yeux. Le cliché voudrait sans doute qu'il opte pour un costume sur mesure à quatre chiffres. Lui préfère un style plus casual. Sans ostentation. Du moins dans les vêtements. Car à son poignet se trouve souvent une très belle montre. Une passion horlogère qui rappelle son statut et qu'il partage avec Ousmane Dembélé.

L'attaquant français est son protégé phare. Mais ses relations avec le PSG sont un peu plus anciennes. Le premier joueur que Moussa Sissoko a réussi à faire signer à Paris ? Lassana Diarra en 2018. L'expérience ne sera guère concluante mais l'agent a une nouvelle fois continué à forger son réseau. La porte est entrouverte, il va pouvoir l'enfoncer. Et ce grâce à ses relations privilégiées avec la direction parisienne. Moussa Sissoko a lui aussi un accès direct aux proches de l'émir… voire à l'émir lui-même. Car l'agent a rapidement compris que les dossiers allaient bien plus vite quand ils étaient impulsés directement depuis Doha. Il est aussi très proche de Nasser Al-Khelaïfi : les deux hommes se sont liés d'amitié, notamment au gré des voyages du président du PSG à Londres, et la relation professionnelle a suivi.

Son portefeuille a de quoi rendre jaloux bon nombre d'agents en France. Au-delà d'Ousmane Dembélé, Moussa Sissoko représente aujourd'hui des joueurs considérés comme les stars de demain. Parmi eux, Rayan Cherki, dont le nom a circulé pendant des années à Paris (une visite médicale avait même été programmée à l'été 2023) : il ne sera pas parvenu à le sortir de l'Olympique lyonnais à l'hiver 2024 (seul Jorge Mendes aurait pu réussir un tel tour de magie), mais il l'aura placé dans un autre grand club, Manchester City, en juin 2025. Il compte aussi dans son giron le Monégasque Eliesse Ben Seghir et bien sûr Désiré Doué. Parmi ses clients plus expérimentés, citons Randal Kolo Muani, Dayot Upamecano ou Serhou Guirassy.

Plusieurs de ces noms ont un lien avec le PSG : soit parce qu'ils ont rejoint le club, soit parce qu'ils y ont un temps été cités. Mais c'est paradoxalement dans un rôle différent que Moussa Sissoko a gagné sa place à Paris : en tant que vendeur. En 2017, il avait par exemple fait sortir Dan-Axel Zagadou, joueur du centre de formation parisien, pour le faire signer à Dortmund. Ce qui lui avait valu une réputation, peut-être justifiée à l'époque, de fossoyeur de talents chez certains supporters du PSG qui estimaient qu'il était là pour vendre les bijoux de famille.

C'est aussi en rendant des services qu'on finit par se rendre indispensable. Et dans le cas d'un agent, c'est parfois avec un rôle secondaire qu'on finit par s'installer. Moussa Sissoko a aussi pour lui d'avoir la capacité d'intervenir en tant qu'intermédiaire, en bénéficiant de ce qu'on appelle des « mandats » dans le monde du football. Ce qui lui permet de pouvoir travailler sur des deals alors qu'il ne représente pas les joueurs en question. Dans ce cas de figure, il agit pour le club. Là encore, une façon de se rendre utile d'abord puis rapidement indispensable.

Le cas Randal Kolo Muani

Mais Moussa Sissoko a surtout réussi à placer des joueurs importants au PSG. À l'hiver 2022, lors de la Coupe du monde au Qatar, Randal Kolo Muani a marqué les esprits. Alors joueur de Francfort, l'attaquant né à Bondy est l'un des rares à avoir permis à l'équipe de France de croire qu'elle pourrait remporter une nouvelle fois la compétition. Il n'y aura finalement pas de sacre face à l'Argentine de Lionel Messi. Mais l'ancien buteur du FC Nantes a tapé dans l'œil des dirigeants parisiens, qui ont aussi suivi sa grosse saison en Allemagne. Nasser Al-Khelaïfi et ses collaborateurs étaient aux premières loges à Doha pour assister à ses prestations durant le Mondial. Mais l'unanimité n'est pas tout à fait atteinte dans la sphère sportive parisienne. Car si Luis Campos reconnaît des qualités indéniables au joueur, il n'est pas entièrement convaincu que Randal Kolo Muani pourra s'adapter au style de jeu de Luis Enrique. Et ses réticences vont se renforcer face aux exigences de Francfort. Comme de nombreux clubs allemands – en meilleure santé financière que la plupart des clubs français –, l'Eintracht se montre gourmand et réclame autour de 100 millions d'euros pour le joueur… après seulement une saison au sein du club. Mais en cet été 2023, Luis Campos n'a pas encore tout à fait la main sur l'ensemble du sportif. Et même s'il a fait venir Gonçalo Ramos pour occuper le poste de numéro 9, le conseiller du président ne peut que constater l'insistance de Doha. On sait maintenant, compte tenu des difficultés d'adaptation du buteur français aux demandes de Luis Enrique, que Luis Campos avait eu du flair. Mais dans les dernières heures du mercato estival de 2023, le client de Moussa Sissoko s'engage avec le club parisien. Après un feuilleton de plusieurs jours, Nasser Al-Khelaïfi accepte de payer les 90 millions d'euros avec les bonus que réclame Francfort depuis le départ, sans être parvenu à faire baisser le prix. L'agent du joueur a réussi son coup et son entregent est incontestable. Sans ce lien avec le patron du PSG, Randal Kolo Muani n'aurait pas signé à Paris.

Le gros coup Désiré Doué

Ousmane Dembélé, Randal Kolo Muani, Bradley Barcola, Désiré Doué… Les joueurs qui collaborent avec Moussa Sissoko vont prendre de plus en plus de place dans ce PSG *new look*. Sa dernière grande réussite demeure Désiré Doué. Le prodige du Stade Rennais était une priorité du club parisien, qui a remporté un rugueux bras de fer, face au Bayern Munich, pour accueillir l'attaquant. PSG, Bayern, des moyens similaires, des ambitions très proches et des projets sportifs rivaux mais qui présentent des intérêts similaires pour un joueur aspirant à disputer – et gagner – la Ligue des champions et s'installer en sélection.

Lors du mercato d'été 2024, Paris met en place une véritable opération séduction. Entraîneur, conseiller du président, dirigeants… tout le monde est de la partie pour tenter de séduire ce joueur né en 2005 à Angers. Luis Campos est en première ligne. Mais Nasser Al-Khelaïfi donne aussi de sa personne pour tenter de convaincre le talent, dont les exceptionnelles qualités physiques et la technique emballent tout le monde au PSG. À 16 ans, à Rennes, il s'entraînait déjà avec le groupe professionnel, signe de sa précocité. Lors des séances, il commence… plutôt à un poste d'arrière droit. Dès ses débuts, il avait impressionné tout le monde par son sang-froid à toute épreuve, une rareté à un si jeune âge.

Le président parisien espère alors secrètement que Moussa Sissoko poussera en ce sens auprès de son client. Dans ce dossier, NAK n'a pas la même marge de manœuvre : très courtisé, c'est bien Désiré Doué qui a l'embarras du choix et un choix à faire. En pleines vacances, Luis Enrique entre en contact avec le joueur pour lui dire tout le bien qu'il pense de lui et comment il envisage de l'utiliser. Le choix se fera finalement en famille, autour du patriarche. Et le PSG a fini par émerger comme une évidence pour Désiré Doué. Un choix sportif avant tout. Car le Bayern Munich lui proposait des conditions financières légèrement supérieures. Mais le Français a très vite considéré que Paris était la destination parfaite pour franchir un nouveau cap et pour voir les portes de l'équipe de France s'ouvrir en grand avant la Coupe du monde 2026.

Il lui aura fallu quelques mois d'adaptation à Paris, auprès d'un Luis Enrique très exigeant tactiquement concernant notamment les déplacements par rapport à ses nouveaux coéquipiers ou le pressing. Rien d'anormal. Au club, personne n'a jamais eu le moindre doute, l'idée étant de le protéger au maximum. L'entraîneur espagnol, qui l'apprécie beaucoup et lui voit un grand avenir, a énormément parlé avec le joueur pour lui faire comprendre ce qu'il attendait de lui dans le jeu avec et sans ballon. Avec une volonté, notamment de la part d'un Luis Campos qui veille au grain, de ne pas le voir tomber dans la copie de son idole Neymar. Désiré Doué a parfaitement rendu cette confiance que le club lui a accordée sur toute la deuxième partie de la saison, jusqu'à l'apothéose de sa prestation en finale de Ligue des champions. Le prix d'un gros travail et d'une hygiène de vie irréprochable : il se couche à 22 heures avec un livre, s'astreint à des échauffements les jours de match à coups de longueurs en piscine, séance de vélo et siestes chronométrées… un professionnalisme qui a aussi bluffé le staff de l'équipe de France.

En quelques mois, la cote de l'ancien Rennais a explosé. Y compris auprès du grand public. Avant son entrée en jeu à Liverpool, il comptait 200 000 abonnés environ sur Instagram. Depuis, il a bondi à plus de quatre millions. Une émergence médiatique qui se traduit par plus de demandes du côté des sponsors, lesquels se bousculent désormais pour le nouveau joyau du football français, qui joue en plus dans le club français qui vient de remporter la Ligue des champions. Mais sur ce point comme sur le reste, Désiré Doué garde les pieds sur terre, bien aidé par sa famille (notamment son père mais aussi son frère, Guéla Doué, également footballeur professionnel), et prend son temps. Après le sacre européen, il n'avait toujours pas d'équipementier personnel.

C'est en tout cas une pépite de plus pour Moussa Sissoko au PSG, qui a vu son prix estimé passer la barre des 100 millions d'euros (Paris l'avait acheté 50 millions d'euros avec 20 millions d'euros de bonus qui seront presque tous atteints). Mais malgré sa place grandissante dans la sphère parisienne, l'agent reste dans l'ombre. Même s'il ne fuit pas totalement la lumière des médias, acceptant parfois de prendre la parole médiatiquement, ne refusant pas un contact avec des journalistes. Lesquels passent généralement par son homme de confiance, Jérémy Puzos, ancien journaliste puis directeur de la communication du Stade de Reims, qui a vu son influence croître au sein du PSG ces derniers mois, tout comme en équipe de France. Ce dernier s'occupe notamment de l'image de Désiré Doué, Bradley Barcola, Randal Kolo Muani ou encore Christopher Nkunku. Certains le décrivent avant tout comme un lobbyiste. Il a en tout cas su tisser sa toile, en nouant des liens de confiance avec plusieurs journalistes (son ancien métier l'a bien aidé à maîtriser le milieu) avec une audience en France comme à l'étranger. Toujours au service de ses clients, dont plusieurs viennent de l'écurie Moussa Sissoko, avec des méthodes parfois similaires. Les chiens ne font pas des chats.

5

Ousmane Dembélé, une saison en or

Le client star de Moussa Sissoko reste tout de même Ousmane Dembélé. Par son statut au PSG comme en équipe de France, par son aura de champion du monde mais aussi par la grande confiance qui unit les deux hommes. L'histoire du buteur ambidextre français à Paris aurait pu s'écrire plus tôt. Car s'il a fait son arrivée au club en août 2023, celui que les supporters catalans surnommaient « El Mosquito », le « moustique », avait déjà failli signer au PSG en 2020 puis encore en 2021. À l'époque, il était déjà question d'exfiltrer Neymar, et l'hypothèse d'un retour du Brésilien au Barça semblait crédible. Sauf que le club espagnol n'avait ni les finances ni l'envie réelle de récupérer un joueur qui avait certes fait son bonheur avec Lionel Messi et Luis Suarez mais qui n'avait plus la même condition physique (avec ses blessures à répétition, notamment au pied). À cela s'ajoute un vestiaire qui a évolué et qui ne verrait peut-être pas d'un très bon œil le retour d'une superstar qui, pour beaucoup, a trahi le FC Barcelone en 2017 en quittant le club avec pertes et fracas contre le montant de sa clause libératoire. 222 millions d'euros réglés par le PSG qui sonnaient alors comme un immense coup de tonnerre et allaient remettre en question l'ensemble du fonctionnement du marché des transferts. C'est d'ailleurs après ce départ fracassant qu'Ousmane Dembélé, qui avait déjà montré l'étendue de son talent à Dortmund, avait débarqué en Catalogue avec l'étiquette de prodige.

Les 145 millions d'euros de son transfert de l'époque seront durs à gérer. Pour autant, Ousmane Dembélé n'en est en rien responsable. Mais voilà, son aventure barcelonaise n'a pas pris l'allure tant souhaitée par le club et ses fans. La faute à un grand nombre de blessures, qui feront dire à la presse espagnole que sur ses six années au Barça, il n'aura en moyenne joué que quatre mois par saison. Reste que personne ne remet en doute son talent et son apport sur le terrain. Xavi lui-même le dira : s'il est disponible, il est impensable de ne pas le faire jouer.

L'émir du Qatar l'adore

Le PSG le suit depuis longtemps. Surtout l'émir du Qatar, grand admirateur du joueur. Dans ce contexte, la direction parisienne a tâté le terrain à plusieurs reprises. Mais trois ans avant sa véritable arrivée à Paris, Ousmane Dembélé craignait de surtout servir les intérêts d'autrui en faisant figure de monnaie d'échange pour faire sortir Neymar. C'est en partie pour cela qu'il déclinera l'offre du Paris Saint-Germain. C'est aussi du côté barcelonais que l'attaquant français craint une entourloupe. Après tout, le Barça avait tenté à plusieurs reprises de lui faire accepter des offres à l'étranger, notamment de la part de Manchester United ou d'autres clubs anglais. Barcelone avait même négocié en direct avec différents clubs sans réellement solliciter Ousmane Dembélé. Lequel déclinera toutes les approches. Il en gardera une certitude : il sait désormais qu'il n'y a aucune place pour les sentiments dans ce milieu du foot-business.

Avec ses refus passés, personne ne s'attend à ce qui tombe comme un coup de théâtre à l'été 2023. RMC le révèle dès juillet : Ousmane Dembélé va signer au PSG. Il semble alors dans sa meilleure forme au Barça, à tel point que Xavi veut tout faire pour le conserver. Mais la décision est prise dans la tête du discret champion du monde. C'est au cours d'un stage du FC Barcelone aux États-Unis que l'information fuite. Le joueur n'a pas encore ébruité la nouvelle et ses coéquipiers espagnols font la queue devant sa chambre pour lui demander s'il va oui ou non partir. Le projet lui plaît, la perspective de changer d'horizon aussi, surtout après pas mal de galères en Espagne, où ses retards et ses blessures font les gros titres. À Paris, il se sent considéré, reconnu à sa juste valeur comme un joueur de grand talent qui peut rapidement devenir un cadre de l'équipe, par ses atouts offensifs mais surtout sa technique, sa bonne lecture du jeu et son sens du collectif. Des valeurs qu'il a pu parfaire à Barcelone.

Le « casse du siècle » à Barcelone

En plus d'être un gros coup et un grand changement sportif, ce transfert représente aussi une manne pour le joueur et son agent Moussa Sissoko, qui avait tout prévu. Il va réaliser ce que certains en Espagne appelleront le « casse du siècle », en faisant insérer une clause à 50 millions d'euros dans son contrat barcelonais. Le représentant du champion du monde s'est assuré de récupérer, pour le joueur et son camp, la moitié de la somme, c'est-à-dire 25 millions d'euros. Un montant qui correspond à ce qu'ils n'ont pas réussi à obtenir au moment de sa prolongation en juillet 2022, en termes de salaire et de prime à la signature : comme de nombreux cadres du Barça, Ousmane Dembélé avait consenti à des efforts financiers face à la situation catastrophique du club, endetté à hauteur d'un milliard d'euros.

Au moment où ils se tapent dans la main, c'est un *deal* gagnant-gagnant pour Barcelone, qui n'a pas les finances pour s'aligner sur les prétentions initiales du joueur et de son agent. Mais lorsque Ousmane Dembélé active la clause à l'été 2023, Barcelone se sent lésé. Ce coup de maître sera très difficile à digérer pour le Barça, qui espérait toujours le prolonger au-delà de 2024 et le pensait verrouillé d'ici là. En désespoir de cause, les dirigeants barcelonais, qui ne pouvaient légalement pas s'opposer à cette clause, ont tout fait pour ralentir la signature du joueur à Paris. Allant même jusqu'à lui demander, alors qu'il se trouvait à Paris sur ses jours de repos, de revenir à Barcelone pour s'entraîner, prétextant le fait qu'il était toujours sous contrat en Catalogne.

Pour Ousmane Dembélé, ce choix relève d'un changement radical : alors âgé de 26 ans, l'ancien Rennais veut retrouver la France, et surtout rejoindre Paris, où il est très attendu, aussi bien par le président Nasser Al-Khelaïfi que par l'émir. À Doha, on se réjouit d'une telle arrivée. En témoigne l'implication de NAK dans ce dossier. Il est à l'époque encore omniprésent sur le volet sportif et les doute de sa direction sportive passent parfois (voire souvent) au second plan quand il est convaincu sur un dossier.

À l'époque, Luis Campos affiche tout de même quelques doutes. Non pas sur les qualités du buteur, qu'il suit depuis ses premiers pas en Bretagne, mais sur le montage financier de l'opération, avec un salaire de 20 millions d'euros bruts et un contrat de cinq ans, pour un joueur qui a la réputation d'une certaine fragilité physique. Reste que le conseiller du président n'hésite pas, à l'époque déjà, à affirmer devant témoins qu'Ousmane Dembélé peut gagner le Ballon d'Or. Le champion du monde 2018 en était-il lui-même convaincu à l'époque ? Pas sûr. Mais une nouvelle fois, Luis Campos avait tout vu. Et les doutes sur la condition physique du joueur seront assez vite levés. Déjà, sur la fin de son aventure à Barcelone, le Français avait mis en place ce qu'il fallait pour améliorer son hygiène de vie en termes de sommeil, d'alimentation, d'exercice. Plus posé dans sa vie privée, Ousmane Dembélé a gagné en sérénité en même temps qu'en force et en forme. Ce qui se traduira par un très faible nombre de blessures au PSG, dans des saisons pourtant de plus en plus longues pour les joueurs européens.

Hygiène de vie, préparation physique et travail face au but

Quiconque dirait qu'il n'a pas été surpris par le niveau affiché par Ousmane Dembélé depuis son arrivée au PSG mentirait. Même les plus optimistes n'auraient pu prédire de le voir atteindre ce niveau, sur une saison 2024-2025 pas très loin du chef-d'œuvre, comme une apothéose qu'on espère voir durer encore et encore. Un sommet, au point de briguer le Ballon d'Or face au nouveau génie du football européen, Lamine Yamal. Le Français est venu à Paris avec pour objectif de conquérir la Ligue des champions. Si possible dès sa première saison, aux côtés de son ami Kylian Mbappé. Ce sera finalement sans lui, un an plus tard, qu'Ousmane Dembélé s'imposera comme l'un des grands artisans du premier sacre de l'histoire du PSG dans la plus belle des compétitions de clubs… pendant que son ancien coéquipier tentera de s'acclimater dans un Real Madrid en pleine période de transition mouvementée.

Dans le vestiaire, tout le monde adore Ousmane Dembélé. Très jovial, il a surtout développé son tempérament de leader sans basculer dans un ton dictatorial parfois reproché à certaines stars passées. Et sur le terrain, il bluffe tout le monde. Le jeune défenseur Lucas Beraldo doit encore cauchemarder de sa première séance d'entraînement face au Français, qui l'a traumatisé par ses dribbles et ses qualités en un contre un. Avec une évolution remarquable. Lors de sa première saison parisienne, ses coéquipiers l'estimaient presque intouchable en matière de dribbles, mais moins face au but. Si bien qu'on ne pouvait jamais réellement deviner où allait atterrir le ballon. Cette tendance avait déjà cours à Barcelone, où la presse était rarement tendre envers son manque de réalisme face au but. À force de travail, tout a changé pour sa deuxième saison au PSG. 49 matchs joués avec Paris avant la Coupe du monde des clubs, 33 buts, 15 passes décisives toutes compétitions confondues. En 2023-2024, il en était resté à 6 buts et 14 passes décisives en 42 matchs. Un monde d'écart. De quoi atteindre un objectif plus anecdotique : cette barre des 30 buts fixée après une blague de l'un de ses proches pour que « Dembouz » se voie offrir une montre. « Des Patek et des Rolex », avait plaisanté l'attaquant, dans une de ses nombreuses sorties devant la presse – preuve qu'il est désormais le leader de l'équipe et n'hésite pas à prendre la parole, dans les bons comme dans les mauvais moments. Sa montre de luxe, une belle Rolex Daytona Arabic Dial dont la photo avait fini par filtrer sur les réseaux sociaux, il l'aura décrochée haut la main. Valeur du « petit cadeau » ? 300 000 euros.

Et il ne se repose surtout pas sur ses acquis. Désormais convaincu que la préparation invisible est primordiale pour améliorer ses performances, il s'astreint à un important travail individuel, avant et après les matchs, avec un staff personnel qui le suit de près comme le font beaucoup de grands joueurs aujourd'hui. Avec un préparateur physique et un nutritionniste qui ont veillé, en début de saison, à lui inculquer des bases qui lui permettront de faire durer sa carrière au plus haut niveau. Et ça paie. Mais le physique ne suffit pas. Au sein du staff comme du groupe, on retient une chose : son implication collective. Luis Enrique parlera de sa « meilleure décision », en février 2025, à propos du fait d'avoir écarté Ousmane Dembélé du match de poule de Ligue des champions face à Arsenal en septembre. Comme s'il fallait s'assurer, avec une dernière petite pique, qu'il ferait constamment les efforts au même niveau que les autres. Notamment en ce qui concerne quelques retards au Campus PSG et un langage corporel pas toujours parfait (même si la sanction paraîtra un peu disproportionnée aux yeux de beaucoup dans le vestiaire). Offensivement, le Français a ensuite enchaîné les buts. Mais son entraîneur préfère garder une chose en mémoire. « Je donnerais le Ballon d'Or à Ousmane Dembélé pour la manière dont il a défendu dans cette finale », soulignait Luis Enrique après le sacre du PSG en Ligue des champions. « C'est ce qu'on appelle mener une équipe. Je crois sincèrement qu'il mérite le Ballon d'Or, sans aucun doute, pas seulement pour les titres remportés ou les buts marqués mais pour sa manière de presser. Il l'a fait toute la saison mais de façon exceptionnelle dans cette finale. » Un bon résumé de l'état d'esprit des deux hommes.

Entre Ousmane Dembélé et Luis Enrique, il y a des airs de chien et chat : il faut trouver le bon équilibre. Les deux savent ce qu'ils peuvent s'apporter mutuellement. Sans excès de zèle. Considérant qu'il fait partie des tout meilleurs joueurs du monde, le coach peut parfois se montrer dur. Au début de la saison 2024-2025, l'entraîneur n'avait initialement pas attribué les penalties à son attaquant français. Mais il avait accepté un principe : un changement de tireur en cas de raté. Vitinha en a raté un. La règle tacite voudrait ainsi que « Dembouz » soit passé premier tireur dans la hiérarchie.

Pour Luis Enrique, le champion du monde 2018 est le baromètre offensif du groupe, et il attend de lui une constante exemplarité. Cette saison 2024-2025 est un aboutissement qui a fait de lui, aux yeux de tous au club, le leader offensif et l'un des patrons du vestiaire, confirmant que les regards déjà bienveillants et admiratifs ont changé autour de lui. C'est aussi le sens du lobbying de Nasser Al-Khelaïfi pour le Ballon d'Or : « Si Ousmane Dembélé ne gagne pas le Ballon d'Or, il y a un problème », annonce même le dirigeant en pleine Coupe du monde des clubs. Une façon de mettre la lumière sur son joueur. Mais aussi de stopper les échos qui font émerger la crédibilité de candidatures comme celles de Vitinha ou Achraf Hakimi. D'ailleurs, au cours de l'été, l'international marocain très populaire – et pas seulement dans son pays – a fini par être convaincu que lui aussi le méritait. Le président parisien sait qu'une trop grande dispersion de voix coûterait le trophée au PSG.

6

Parc des Princes et formation, deux gros chantiers à lancer

Malgré les éternelles rumeurs autour d'un futur désengagement du Qatar, le Paris Saint-Germain version qatarie a-t-il atteint son apogée ? De l'émir au siège parisien, la direction du club a encore des projets en tête, certains à l'état d'ébauches, d'autre bien avancés. La suite passera par le dossier du stade. Il n'a échappé à personne que le Parc des Princes est devenu un sujet. Ou plutôt un réel problème qu'il faut désormais s'atteler à régler. Le PSG considère avoir assez attendu et réclame une avancée. Elle ne se fera sans doute pas, si rien n'est fait pour pousser les murs, dans son bastion historique qui réunit, deux fois par mois au moins, plus de 48 000 spectateurs. Ce n'est pas assez au goût des dirigeants. Faut-il pour autant enterrer définitivement l'hypothèse d'un maintien du club au Parc des Princes ? Les candidatures de Massy et Poissy ont émergé comme options crédibles…

en attendant 2026. Avec des élections municipales qui pourraient changer la donne. Surtout qu'Anne Hidalgo n'aura plus les clés de l'Hôtel de Ville et ne sera donc plus l'interlocutrice de la direction du PSG.

En mars 2023, dans un exercice de questions-réponses avec le journal espagnol *Marca*, Nasser Al-Khelaïfi présentait ainsi les termes du problème : « Ce n'est pas un secret, nous souhaitons avoir un grand stade. Les grands clubs ont des stades plus grands, autour de 70 000 ou 80 000 places. Les supporters ont le droit à un stade plus grand. Nous allons restructurer le stade avec un énorme investissement. » Le président du PSG s'appuie sur un constat limpide : il n'y a pas assez de places au Parc des Princes. Avoir un abonnement est devenu un privilège, pas tellement en raison du prix (460 € sur la saison 2024-2025 pour le virage Auteuil, 640 € pour le reste des places en dehors de l'espace Club Premier, 1 320 € par saison pour la plus haute catégorie), encore loin des niveaux pratiqués au sein des stades de Premier League. Mais parce qu'avec près de 37 000 abonnements prévus pour la saison 2025-2026, la marge est mince. Non seulement parce que ces abonnements partiront très vite. Mais aussi parce que cela laisse peu de places disponibles pour une vente unitaire au reste du public. Et quand bien même le PSG dispose de moyens financiers illimités sur le papier, la billetterie est une manne financière capitale pour les clubs, surtout dans un contexte aussi tendu autour des revenus des droits TV. Le faible pourcentage de places restantes pour une vente au match pour les non abonnés engendre aussi un autre problème : la revente sauvage de places d'abonnés qui ne se rendraient pas au stade pour assister à une rencontre. Encadrée avec un contrôle visuel du pass de l'abonné au moment de sa présentation au stade, elle a toutefois cours, et de plus en plus. Avec les nouveaux outils informatiques, y compris l'intelligence artificielle, ou quelques entourloupes à l'ancienne sur place, certains abonnés remboursent largement le tarif de leur abonnement en monnayant les places à des spectateurs en mal de billets et qui peuvent se permettre de payer parfois beaucoup plus cher. Avoir plus de places disponibles, c'est aussi s'assurer que les demandeurs de billets resteront dans le giron officiel du club pour acheter leur place.

Disposer d'un plus grand stade, surtout pour un club assuré d'avoir un important taux de remplissage à chaque match, permet aussi de développer les types d'offres proposées. Notamment les hospitalités et autres loges, pratiques en constant développement dans les stades de football mais aussi pour les concerts. Les spectateurs disposant de moyens importants sont prêts à dépenser plus (parfois beaucoup plus) pour bénéficier d'un accès spécifique au stade, d'une offre étoffée de boissons et nourriture, d'un accès privilégié à certaines parties de l'enceinte, voire aux joueurs… Une façon de faire drastiquement grimper la rentabilité. Et d'attirer un autre public, plus fortuné et donc plus prompt à consommer. En septembre 2024 par exemple, une collaboration entre le Paris Saint-Germain et son partenaire le groupe Accor aboutissait à la création d'une chambre d'hôtel de 30 m^2 au sein du Parc des Princes, avec vue sur la pelouse et prestations de luxe. Il était envisagé d'ouvrir les réservations de façon plus large pour cette chambre, d'abord réservée aux membres premium du programme de fidélité du groupe Accor. Imaginez la file d'attente.

Le bras de fer avec la Mairie de Paris

Sans aller jusqu'aux plus de 100 000 places du nouveau Camp Nou, le stade du FC Barcelone, le PSG rêve plus grand. Et surtout à sa manière. Son idée de départ était donc de racheter le Parc des Princes pour mener les travaux d'agrandissement jugés nécessaires. C'est là que le plan s'est effrité. Le stade appartient à la Ville de Paris. L'architecture est signée par Roger Taillibert et sa construction date de 1972. Pour la Mairie, des accords autour d'une concession longue sont envisageable mais une vente, c'est un grand non. En 2022, le club parisien avait proposé 40 millions d'euros pour acheter le stade, une offre jugée trop basse par la Mairie. Qui a finalement fermé toutes les portes : non, le Parc des Princes ne sera pas vendu. Et contrairement à de nombreuses municipalités françaises, Paris n'est pas dans une situation économique fragile qui aurait pu encourager une cession.

En mars 2025, Anne Hidalgo réitérait une position qu'elle tient désormais depuis trois ans : « Vendre le Parc des Princes, ce n'est pas possible, parce que c'est un bien extrêmement important, on était entré dans une discussion… Accepter une offre de vente du Parc à 38 millions d'euros, c'est spolier les Parisiens, c'est vous mettre dans une difficulté majeure parce que c'est indécent, c'est totalement indécent, et à partir du moment où on était dans un écart de prix aussi important, il est hors de question pour moi de spolier les biens des Parisiens », estimait la maire de Paris sur France 5. « À partir de là, il y a d'autres solutions qui sont utilisées par d'autres clubs dans le monde. » La Ville de Paris a bien tenté de négocier avec le PSG sur la base d'un bail de longue durée avec une possibilité de travaux… entièrement financés par le club. Mais le PSG se sent limité par les normes – notamment en matière d'architecture et d'étalement spatial – qu'impliqueraient de telles modalités, refusant aussi de prendre en charge toute l'enveloppe rénovation sans être propriétaire des murs. Si, au départ, le problème était d'ordre financier, avec une offre de rachat jugée ridicule par la Mairie, la Ville de Paris a fini par ériger ce dossier en symbole : celui du patrimoine parisien qu'il est hors de question de laisser filer dans des mains étrangères.

Durant deux ans et demi, les deux parties ont enchaîné les répliques médiatiques, chacune radicalisant un peu plus sa position pour aboutir à un point de non-retour. Car côté parisien, on a fait du stade un projet prioritaire et il y a désormais urgence à plancher sur le chantier. « On sait ce que l'on veut, on a gâché des années à vouloir acheter le Parc. C'est fini maintenant. On veut bouger du Parc », déclarait Nasser Al-Khelaïfi devant trois médias français. Le PSG est engagé jusqu'à fin 2043 dans un bail emphytéotique de trente ans avec la Mairie et vise un projet d'agrandissement à 60 000 places. Mais à sa manière et surtout avec l'assurance d'avoir la main sur tout.

L'avenir du club semble donc devoir s'inscrire ailleurs. Et l'adhésion au projet n'est pas unanime. Une partie des supporters du Paris Saint-Germain, décontenancés par tant d'invectives de part et d'autre au sujet de leur deuxième maison, ont fini par prendre la parole à travers une déclaration du Collectif Ultras Paris (CUP) en décembre 2024 : « De récentes annonces aussi soudaines que maladroites confirment la décision du club de quitter le Parc des Princes. La situation de blocage est telle, entre les dirigeants du club et la Mairie, que cette issue semble de plus en plus réaliste. Nous ne pouvons nous y résoudre mais il n'est jamais trop tard. En tant que supporters, nous voulons rester au Parc. Ce stade est notre maison, l'endroit où nous avons tout connu, les moments de bonheur comme les désillusions. Un départ constituerait une rupture majeure avec l'ADN et l'histoire du club, une véritable déchirure. » Et alors que nombreux sont les sujets sur lesquels le CUP a décidé de suivre le PSG, quitte à s'asseoir sur certains de ses principes antérieurs en privilégiant l'union comme on l'évoquera un peu plus tard, il s'est montré favorable… à la Mairie de Paris sur sa volonté de ne pas vendre le Parc des Princes mais d'ouvrir un dialogue autour d'une nouvelle formule de bail : « Nous demandons donc au président du PSG, M. Nasser Al-Khelaïfi, de considérer notre position. Nous appelons la maire de Paris, Mme Hidalgo, et les différentes composantes du conseil municipal à enfin transmettre officiellement à la direction du club une proposition acceptable de bail emphytéotique qui permette un agrandissement du stade qui accompagnerait l'essor du club. Nous alertons les futurs candidats à la Mairie sur ce sujet qu'il convient dès maintenant de prendre très au sérieux. »

Mais les positions semblent irréconciliables. Au point que la direction du club a lancé des prospections durant de longs mois pour envisager les lieux possibles de construction du futur stade. Avec plusieurs impératifs : suffisamment de place pour bâtir le projet envisagé en se gardant une marge d'extension (le PSG prévoit une grande zone commerciale autour du futur stade, qui deviendrait un lieu de passage et de consommation même en dehors des matchs) ; une municipalité à l'écoute des besoins du club ; un lieu proche de Paris et dont les dessertes en transports rendraient l'accès au site facile. Beaucoup de critères dans une région déjà saturée. Mais nombreuses sont les communes qui rêveraient de bénéficier de l'implantation du stade du PSG. Plusieurs municipalités ont fait acte de candidature pour permettre au club d'y construire son nouveau stade, ce qui représenterait un gain d'attractivité, de l'emploi et de la renommée (y compris à l'international). À 20 kilomètres au sud de Paris, Massy, dans l'Essonne, a des atouts qui pourraient faire passer la pilule d'un départ du 16e arrondissement. Notamment une très bonne offre de transports (gare TGV, RER, tramway et la future ligne de métro 18) et deux sites possibles : une friche où il y a tout à faire ou une zone déjà en partie commerciale. Ris-Orangis (Essonne), un temps également candidate, partait avec du retard en matière d'accessibilité, comme Aulnay-sous-Bois (Seine-Saint Denis). Deux candidatures rapidement écartées.

Poissy, en revanche, a rapidement fait figure de candidature crédible, avec un autre atout : la ville abrite déjà le centre d'entraînement du Paris

Saint-Germain, le Campus. Un lieu flambant neuf, ultra moderne, à 25 minutes du Parc des Princes. Les travaux ont été lancés en 2020 pour regrouper au maximum les différentes équipes et activités parisiennes. Les joueurs ont pris leurs quartiers sur place en 2023 mais l'inauguration officielle – et très médiatique – eut lieu en novembre 2024, en présence de stars telles que Novak Djokovic, Jamel Debbouze ou Nikola Karabatic. Avec un terrain d'environ 59 hectares dont près de 150 000 mètres carrés uniquement dédiés aux entraînements en extérieur, seize terrains de foot, des bureaux et installations qui accueillent plus de 200 salariés, sans compter des espaces de balnéothérapie, musculation, des chambres pour abriter jusqu'à 180 filles et garçons pendant leur apprentissage entre 13 et 19 ans, des classes de collège et lycée… Et un grand pôle dédié à la performance et à la formation, une des priorités du club dans les prochaines années.

Le sujet du stade est-il réellement une « question de vie ou de mort », comme l'a suggéré Nasser Al-Khelaïfi ? La formule semble évidemment exagérée. Mais en l'état actuel des choses, le PSG est limité. Pas assez de places – unitaires ou abonnements – et pas assez d'opportunités de multiplier les formules proposées, pas d'espace pour agrandir la zone commerciale, trop de restrictions architecturales… Pourtant, selon un rapport de l'UEFA, le Parc des Princes était sur la saison 2022-2023 l'enceinte la plus rentable d'Europe pour chaque place disponible, avec une moyenne de 140 euros par spectateur et par match, ce qui représentait des revenus de billetterie autour de 153 millions d'euros (sur un total de 807 millions). Au classement européen des stades générant le plus de revenus, le Parc des Princes n'est devancé que par le Camp Nou, dont la capacité dépassera 100 000 places à sa réouverture. Un modèle de rentabilité que le PSG a réussi à atteindre à force de diversification de ses offres, avec en prime un taux de réabonnement proche des 100 % (ce qui signifie une longue liste d'attente pour les candidats à l'abonnement). Mais tous les leviers ont désormais été poussés au maximum. Et même adossé à la surface financière d'un État comme le Qatar, le PSG tient à maximiser ses revenus de billetterie, conscient qu'ils lui procurent un surcroît d'indépendance vis-à-vis des revenus annexes… comme les si incertains droits TV.

Former et retenir les talents

En parallèle de ce dossier, le Paris Saint-Germain planche activement sur un autre gros morceau : la formation. Dans *Marca*, en 2023, Nasser Al-Khelaïfi en faisait un point important de la politique parisienne pour les prochaines années : « Nous voulons aussi investir dans le football féminin et dans le nouveau centre de formation, nous espérons qu'il sera l'un des meilleurs au monde. [...] Nous nous concentrons sur les jeunes et les jeunes talents. Nous allons continuer à investir dans le club et dans toute la transformation du futur de l'Académie. » Un dossier majeur, car le problème est récurrent. Avec toujours les mêmes titres en une : « Encore un titi parisien qui quitte le PSG », souvent pour un autre gros club. Certains ne manqueront pas à Paris. Mais c'est beaucoup moins vrai pour d'autres, même si les talents parisiens ayant explosé ailleurs sans avoir joué et signé un premier contrat professionnel au PSG ne sont pas si nombreux.

Deux constats s'imposent : le premier est que le bassin de détection de l'Île-de-France est reconnu, dans le monde des recruteurs, comme l'un des plus riches en talents d'Europe voire du monde ; il suffit de traîner autour des terrains les jours de matchs des U17 ou U19 du PSG pour se rendre compte de l'intérêt suscité par ces jeunes qui ne sont encore que des ados. Le second, c'est que le PSG, principal club de la région, en profite certes déjà, mais avec parcimonie. Mayulu et Warren Zaïre-Emery en sont les derniers exemples, mais ils ne sont pas si nombreux. Une anomalie que la direction parisienne entend régler après avoir longtemps fermé les yeux sur une situation qui ne date pourtant pas d'hier.

Paul Pogba, Anthony Martial, N'Golo Kanté, Kingsley Coman, Blaise Matuidi, Kylian Mbappé, Riyad Mahrez, Yacine Brahimi : dans un article de 2019, le média américain ESPN se penchait avec admiration sur ce vivier si riche en talents, s'interrogeant sur le phénomène. Et sur son accélération depuis le sacre de la France lors de la Coupe du monde 1998, avec « seulement » trois joueurs issus de la région parisienne : Thierry Henry, Patrick Vieira et Lilian Thuram. Lors du Mondial 2022 au Qatar, l'Île-de-France était de loin la région du monde la plus représentée dans l'ensemble des sélections avec 29 représentants, devant l'Ontario au Canada (15 joueurs), Hovedstaden au Danemark (14) et Buenos Aires en Argentine (13). Gigantesque. À la liste trop courte d'ESPN, on ajouterait aisément Ibrahima Konaté, Randal Kolo Muani, William Saliba, Youssouf Fofana, Alphonse Aréola, Mattéo Guendouzi, Ferland Mendy, Adrien Rabiot, Evan Ndicka, Lucas Digne, Allan Saint-Maximin, les frères Thuram, Presnel Kimpembe, Moussa Diaby, Tanguy Ndombélé, Manu Koné, Boubakary Soumaré, Seko Fofana, Ludovic Blas, Mamadou Sakho, Mike Maignan, Jean-Clair Todibo, Nordi Mukiele, Axel Disasi, Christopher Nkunku, Geoffrey Kondogbia, Sofiane Feghouli, Rayan Aït Nouri, Raphaël Guerreiro… tous les citer nous prendrait un livre entier. Certains sont nés en région parisienne, d'autres y ont passé une partie de leur enfance.

Certains ont déjà connu la gloire, d'autres font une carrière très honorable mais plus modeste. Certains ont eu l'honneur de représenter leur pays en équipe nationale. Quelques-uns ont un temps fréquenté les murs du PSG, pendant leur formation ou après. D'autres y ont vu leur nom être évoqué, dans des rumeurs de transferts ou des souhaits de supporters. Tous ont à un moment fréquenté un club de la région, même dans les catégories les plus jeunes.

Les recruteurs des plus grands clubs européens se bousculent en Île-de-France tandis que le PSG n'en tire finalement pas autant de bénéfices qu'il le pourrait. Une aberration dont Nasser Al-Khelaïfi et toute la direction du club parisien veulent sortir, ce que les supporters appellent de leurs vœux depuis de nombreuses années. Avant même de voir le PSG se faire crucifier en finale de Ligue des champions en 2020 par le Bayern Munich sur un but de Kingsley Coman, né à Poissy et que le club a compté dans ses rangs jusqu'en 2013, date de son départ pour l'Italie et la Juventus après seulement trois matchs de Ligue 1 disputés avec son club formateur. Là encore, le rôle de Luis Enrique est crucial. L'ancien joueur du Barça est un trait d'union entre la formation et le monde professionnel, là où son prédécesseur Christophe Galtier regardait les jeunes de plus loin. L'Espagnol est capable d'aller suivre des jeunes comme Noham Kamara avant de l'intégrer et lui donner du temps de jeu. Avec lui, les jeunes se projettent plus facilement à Paris, comme ce fut le cas pour Ibrahim Mbaye, qui aura pu goûter à l'équipe première sous l'impulsion de Luis Enrique.

Dans l'ouest de la France, le Stade Rennais a passé des décennies à tisser un réseau lui permettant de détecter le moindre talent du coin pour tenter de l'attirer dans ses filets avant d'autres clubs de première et deuxième division de Bretagne, Normandie, Pays-de-Loire voire un peu au-delà. Quitte à entasser les jeunes sans réel temps de jeu ni perspective de progression. Un modèle inverse à celui du PSG qui, poussé à l'extrême, a fini par montrer ses limites au point de convaincre bien des parents d'envoyer leur rejeton dans un club peut-être un peu moins huppé mais qui le ferait progresser et éclore plus facilement. Les dirigeants parisiens cherchent encore la formule qui apporterait le parfait équilibre. On notera d'ailleurs la nomination récente à la direction technique du centre de formation d'un certain Mathieu Le Scornet… passé par Rennes, où il a vu éclore Désiré Doué, Ousmane Dembélé ou Eduardo Camavinga.

Une prochaine étape vers un nouveau centre de formation ? La volonté de changement est réelle. En juin 2024, Lucas Cattani quittait son poste de directeur du football du centre de formation. Il lui était reproché son manque de liens avec les familles et un dialogue délicat avec les jeunes. Cet

Italien longiligne aux cheveux grisonnants, d'une quarantaine d'années, n'avait peut-être pas les codes de son pays d'accueil, se montrant parfois en décalage avec la réglementation ou ayant du mal à comprendre comment les Français pouvaient espérer être compétitifs sur le marché des jeunes joueurs avec un premier contrat professionnel limité à trois ans, une durée plus courte que dans certains pays voisins.

Quoi qu'il en soit, le plan de relance de la formation parisienne ne pourra se faire qu'à travers une collaboration accrue avec les clubs locaux des différents districts. Le PSG l'a compris et c'est d'ailleurs l'objectif de son programme « Club Tour Snipes ». En place depuis cinq ans, il s'organise sous la forme d'une tournée à destination des jeunes licenciés d'Île-de-France. Une façon de tisser un lien fort avec les clubs amateurs en s'assurant d'une méthode de détection large et efficace.

Une trentaine de clubs de la région sont sélectionnés, dont certains seront accueillis par le PSG dans son centre d'entraînement à Poissy à l'occasion du tournoi de la Coupe du Club Tour. Les autres bénéficient d'une journée « comme les pros », durant les vacances scolaires, avec la venue d'éducateurs du PSG pour mettre en place des clés d'apprentissage permettant de faire progresser les jeunes et faciliter la détection. Une façon de tendre la main au football amateur francilien et de tisser une toile pour ne plus passer à côté des talents régionaux. « D'abord, on veut remercier le travail qui est fait dans les clubs d'Île-de-France et leur investissement au quotidien. Un chiffre important, 95 % de nos effectifs chez les jeunes sont issus de la région parisienne. La deuxième chose est de resserrer les liens de notre ancrage territorial. On doit être le phare de cette région », résumait en mars 2025 auprès d'*Ici Paris* Yohan Cabaye, promu directeur sportif du centre de formation et préformation du PSG fin 2024.

Le danger du Paris FC

Ce pari de la détection régionale, le Red Star et le Paris FC l'avaient jusque-là mieux réussi que le PSG. Un constat terrible, quand on pense à la différence de moyens financiers et d'infrastructures entre les clubs. Il s'agit donc de rattraper le retard pris… d'autant que le PFC *new look*, promu en Ligue 1, pourrait bénéficier de moyens renforcés, notamment dans une politique d'éclosion des talents locaux. Une ambition rendue encore plus légitime par son association avec le groupe autrichien Red Bull qui, au-delà de ses investissements en Formule 1, compte dans son giron plusieurs clubs comme Leipzig, Salzbourg, les New York Red Bulls aux États-Unis ou le RB Bragantino au Brésil. Antoine Arnault, tête de proue du rachat du Paris FC, présente Red Bull comme un « partenaire » dont la réputation de dénicheur de talents n'est plus à faire. Membre du conseil d'administration du PFC avant le changement de propriétaire, Michel Denisot (également ancien président du PSG mais comme on vous l'a dit, le monde du football est petit) précisait début mai dans *La Nouvelle République* que l'objectif du Paris FC est « d'être vraiment le club de la région Île-de-France, d'aller chercher les talents de la région qui fournit 80 % de l'équipe de France. Il y a de quoi faire. Il faut structurer le centre de formation avec l'expérience de Red Bull et de Jürgen Klopp. » Car l'ancien entraîneur de Liverpool, aperçu plusieurs fois à Charléty ou dans d'autres stades de Ligue 2 et Ligue 1, est devenu responsable football du groupe Red Bull et doit donc apporter son œil expert pour continuer à faire progresser les clubs de ce qu'on peut désormais appeler une galaxie.

Il y a donc désormais urgence pour le PSG dans ce domaine : tant que le Red Star et le PFC évoluaient dans des divisions inférieures, le prestige de la Ligue 1 et des compétitions européennes pouvait suffire. Ce n'est plus le cas. Sous l'égide d'un Yohan Cabaye qui a pris du galon et incarne parfaitement l'histoire parisienne, le secteur formation s'est fortement restructuré. Au-delà du travail de détection des jeunes dans les clubs voisins, il faut aussi donner une perspective à ceux qui, une fois dans les rangs du PSG, veulent encore franchir un cap. La Youth League, sorte de Ligue des champions des sections de jeunes, permet aux talents de se frotter au très haut niveau et au football tel qu'on le pratique dans les autres grands clubs européens. Mais cela ne suffit pas à franchir les dernières marches. Il faut pour cela pouvoir se faire une place au sein de l'équipe première. Cela ne peut se faire qu'au prix d'une cohérence générale, au sein du PSG, entre le centre de formation et les demandes de l'équipe première. Durant la saison 2024-2025, Luis Enrique a organisé une réunion avec les entraîneurs du centre de formation pour leur exposer sa philosophie, ce qu'il attendait des joueurs, et notamment des jeunes. Il est d'ailleurs envisagé de poursuivre les discussions régulièrement sur la saison 2025-2026. Et c'est à travers ce dialogue que les progrès se concrétiseront, chez les jeunes talents mais plus globalement dans l'organisation de la formation au PSG.

« Depuis quatre ans maintenant, je peux dire qu'on essaie de fournir le maximum de joueurs possibles pour l'équipe première, et pour le monde professionnel de manière générale. C'est une ambition. Récemment, Warren Zaïre-Emery est sorti, Senny Mayulu, Yoram Zague et Ibrahim Mbaye ont joué, Axel Tape a disputé son premier match. On ne peut pas se plaindre aujourd'hui que le club ne se tourne pas vers l'Académie pour faire jouer les meilleurs talents », estimait Cabaye auprès de *20 Minutes* fin avril 2025. « On souhaite toujours faire plus, faire mieux. C'est notre exigence. On travaille pour que des jeunes joueurs puissent prétendre avoir leurs premières minutes avec l'équipe première. » Luis Campos est très attentif au quotidien du centre de formation, au travail des entraîneurs et recruteurs mais aussi au profil des joueurs qui commencent à émerger. Avant même la fin de saison 2024-2025, le club savait déjà qui seraient les trois joueurs du centre qui monteraient en équipe première petit à petit.

Tout n'est pas simple pour autant. Axel Tapé, titularisé en Coupe de France par Luis Enrique en janvier 2025 mais refroidi par ses faibles perspectives en termes de temps de jeu, a par exemple vite été courtisé par des clubs comme Tottenham ou le Bayer Leverkusen, au point de ne pas signer son premier contrat professionnel au PSG. Au club, on estime que son niveau est bon mais qu'il ne correspond pas complètement à ce que souhaite Paris pour l'équipe première… et on met en avant plusieurs blessures. Yoram Zague et Ibrahim Mbaye sont aussi suivis dans d'autres championnats. Quant à Senny Mayulu, les courtisans se bousculent pour convaincre le jeune milieu de terrain, né en 2006. Mais le PSG se fait un devoir de tout faire pour le garder, lui dont le talent est comparé aux plus grands et que tous les recruteurs ou presque ont au moins noté sur leurs tablettes. C'est aussi pour lui faire de la place que la direction sportive n'a pas creusé plus en profondeur la piste Rodrigo Mora, par exemple. Luis Enrique a lui-même été assez bluffé par le titi après son match face à Montpellier en Ligue 1 : « C'est difficile d'être titulaire au PSG, surtout dans ce PSG-là. Il est important pour l'avenir du club et il peut devenir un joueur important ici, pour ses qualités techniques, physiques, pour sa polyvalence. On l'a testé comme latéral et il peut aussi jouer à ce poste. Il a un caractère très fort, il est toujours prêt. Il s'entraîne toujours bien même s'il joue moins qu'il le souhaiterait, évidemment, mais il a un très fort caractère. » Il lui faut au moins pouvoir espérer, d'ici peu, s'installer un peu plus au sein de l'équipe première. Cette perspective qui a trop manqué aux titis jusque-là, au point de les voir partir loin du PSG. Et maintenant qu'un rival émerge tout près, avec le Paris FC et ses nouveaux moyens, c'est la méfiance qui est de mise chez le champion d'Europe.

7

Les supporters, objets de toutes les convoitises

À Paris peut-être plus que dans de nombreux grands clubs européens, le rôle des fans est primordial, parfois central. D'aucuns diraient qu'il l'est même un peu trop, agacés par l'influence exercée par certaines figures de groupes de supporters parisiens. Mais le traumatisme de 2010 a fait renaître – naître tout court, chez les plus jeunes – le besoin de se retrouver pour communier avec le PSG.

Il aura fallu six ans. Six longues années pour digérer le drame, prendre des mesures drastiques puis tout reconstruire. Le 28 février 2010, les Parisiens reçoivent l'OM dans une ambiance apocalyptique. La haine a atteint un niveau presque jamais vu et est devenue incontrôlable. Elle est d'autant plus insoutenable qu'elle déchire deux camps… de supporters du club de la capitale. À tel point que les bagarres qui éclatent aux abords du stade ne surprennent personne. Elles sont d'une violence inouïe, jusqu'à atteindre l'impardonnable : Yann Lorence, supporter du PSG âgé de 37 ans, habitué du kop Boulogne qu'il fréquentait depuis vingt ans, est mort après avoir été roué de coups devant le Parc des Princes, lynché par une trentaine de personnes issues… de la tribune Auteuil, le kop rival. Un choc pour tous, particulièrement pour le club. Le 2 mars 2010, quelques jours à peine après le drame, le PSG réplique par la voix de son président de l'époque, dont le nom deviendra célèbre dans la sphère footballistique : Robin Leproux annonce la suspension des déplacements de supporters. Si aujourd'hui une telle mesure ne surprend plus personne, au gré des interdictions prononcées par les préfectures, elle marque les esprits à l'époque. Cette décision temporaire va entraîner un chamboulement total dans les tribunes du Parc. Au-delà des nombreuses mesures sécuritaires, la direction parisienne annonce la fin des abonnements à Auteuil comme à Boulogne. 13 000 supporters sont concernés. Une dissolution pour créer un divorce entre ces groupes et leur territoire autoproclamé. Le « plan Leproux » est en place : officiellement lancé en mai, il a pour mission de faire immédiatement retomber la violence, d'apaiser le climat et de faire revenir un public plus familial au stade. Une façon d'assainir les travées et les abords de l'enceinte, quitte à faire retomber l'ambiance en tribune. Mais personne ne peut prendre le risque d'attendre la mort d'un autre supporter. Le retour des abonnements sera très progressif et aléatoire, pour éviter au maximum les rassemblements de supporters.

Dix ans plus tard, en septembre 2020, Robin Leproux revient sur ces événements dans une interview accordée au *Parisien*. « À l'époque, il se dit qu'il faut dissoudre le PSG, l'exclure du championnat. Pour certains, c'était la manière de résoudre le problème. J'ai changé de métier. Je n'étais plus un développeur du club, j'étais celui qui devait le sauver. Il fallait arrêter la violence autour du Parc. » Il se défend d'avoir « viré des gens » du stade, estimant que tous ceux qui voulaient réellement revenir ont pu le faire. Il fait surtout un lien avec le rachat par le Qatar en 2011 : « Mon plan a rendu possible son arrivée. Il n'y aurait pas eu un seul partenaire financier capable d'injecter des centaines de millions d'euros dans un club où il y avait cette violence. »

2016, naissance du CUP et relance du mouvement ultra au Parc des Princes

La culture « ultra » ne saurait se résumer aux accès de violence de certains individus ou petits groupes isolés. Les supporters sont ceux qui rendent inoubliable le moment passé au stade, à coups de tifos et de chants qui font exploser les décibels. Les nouveaux dirigeants du PSG le savent. Et ils vont donc travailler à renouer le dialogue pour aboutir au retour des ultras au Parc des Princes. Sans eux, l'ambiance n'a rien à voir. C'est finalement en 2016, soit six ans après le plan Leproux, que le Collectif Ultras Paris est créé, avec l'accord du club mais aussi l'aval des autorités publiques. Tous y voient un bon équilibre : renouer avec les supporters fidèles du PSG, tout en encadrant leurs pratiques grâce à des interlocuteurs spécialement désignés.

Il faut avoir ce contexte en tête pour comprendre l'importance prise aujourd'hui par le CUP, composé de plusieurs groupes de supporters (notamment la K-Soce Team, groupe dominant dont est issu le président du CUP Romain Mabille, mais aussi le Beriz Crew, les Parias, le Combat Continue, les Urbans ou d'autres membres indépendants). Pas toujours facile d'accorder les violons de tout le monde mais le Collectif Ultras Paris se revendique démocratique, organisant actions, tifos et chants à coups de votes à main levée et de consultations par WhatsApp. Au fil du temps, la structure s'est organisée. Avec une volonté commune dès le départ, du côté des supporters comme du PSG : maintenir à tout prix le dialogue.

Les supporters du PSG, qui ont connu l'avant-Qatar – car oui, rappelons à Zlatan Ibrahimovic qu'il y avait bien un club avec une histoire avant l'arrivée de QSI –, ont découvert avec émerveillement que leur équipe était capable de dominer son championnat pour atteindre le nombre record de treize titres de champion en Ligue 1, avec seize Coupes de France (encore un record), treize Trophées des champions (devinez quoi ? record) et des participations systématiques à la Ligue des champions. Une Coupe d'Europe qui aura suscité les plus grandes désillusions des supporters parisiens, longtemps frustrés, peinés voire énervés des échecs successifs dans la quête du Graal. Avec une exigence allant bien au-delà du palmarès. Car si au départ la politique de stars a créé une certaine magie, elle a fini par agacer, perçue comme stérile et déshumanisante. Tout fan d'un club, quel qu'il soit, a besoin de pouvoir s'identifier au moins un peu aux joueurs qui portent le maillot de son équipe. Et dans une armada dépourvue ou presque de Parisiens, cela relevait d'une gageure.

La Ligue des champions fait exploser les compteurs

Les changements opérés en deux saisons par la direction du PSG, sous l'impulsion du duo Luis Enrique-Luis Campos et avec le soutien total de Nasser Al-Khelaïfi, ont emporté l'adhésion unanime des ultras. Avec, en apothéose, une Ligue des champions que beaucoup n'attendaient plus, surtout après une entame de compétition aussi difficile. Mais le huitième de finale aura, comme pour les joueurs, été un incroyable déclic pour les supporters. Le Collectif Ultras Paris, qui crée une énorme ambiance au Parc des Princes à chaque match, a conquis Anfield pour rendre presque inaudibles les supporters de Liverpool. Lesquels ont d'abord constaté la supériorité parisienne en tribune avant de voir les Reds se faire éliminer sur le terrain aux tirs au but. Derrière, l'ambiance ne retombera pas, elle ne fera que monter de cran en cran. Jusqu'à l'aboutissement d'une vie pour tout supporter de club, avec le premier sacre en Ligue des champions pour le PSG.

Si 18 000 Parisiens ont obtenu un billet pour assister au match contre l'Inter Milan à Munich – sans compter les milliers de supporters ayant fait le déplacement en Allemagne sans avoir de billet, juste pour ressentir l'ambiance sur place –, la communion fut grandiose le lendemain du sacre. Avec une parade sur les Champs-Élysées qui rappelait celle des sacres de l'équipe de France en Coupe du monde, mais surtout une immense fête au Parc des Princes, entre concert, défilé de joueurs, hommages à Luis Enrique et son staff… le tout dans une ambiance magique.

Le sacre européen du PSG n'a sevré personne. Il a même incité plus de fans parisiens à rejoindre le Collectif Ultras Paris, comme pour s'assurer de continuer à communier ensemble. Les inscriptions se font lors de séances d'encartage. Sur la saison

2024-2025, six sessions avaient abouti à environ 5500 encartés. En juin 2025, la première session a convaincu à elle seule… 6000 personnes d'adhérer au CUP. Du jamais vu selon un des membres de l'organisation. De quoi assurer encore une belle ambiance au Parc des Princes.

Un dialogue régulier avec les deux Luis

Si trois salariés du PSG sont les interlocuteurs quotidiens des supporters, ils ne sont pas les seuls à échanger avec les membres du CUP. Luis Campos et Luis Enrique viennent régulièrement à leur rencontre. Les deux hommes sont d'ailleurs très appréciés au sein de l'organisation. En premier lieu parce que les fans parisiens reconnaissent unanimement leur travail et saluent la politique nouvelle souhaitée par Nasser Al-Khelaïfi, que le Portugais et l'Espagnol incarnent : moins de stars, une vraie équipe et si possible avec un plus grand nombre de joueurs locaux dans le groupe. Avec l'entraîneur, les membres du CUP parlent de jeu – et connaissent parfois avant les journalistes ce que l'Espagnol va mettre en place tactiquement –, font le bilan des performances précédentes, évoquent les prestations individuelles de certains joueurs. Luis Enrique est salué, au sein du CUP, pour son humanité et sa simplicité, qui créent une proximité naturelle. Au point que le technicien n'a pas hésité à faire une demande aux supporters, avant la finale de la Ligue des champions : le Collectif Ultras Paris prévoyait de montrer son soutien à l'équipe en organisant un grand rassemblement festif pour le départ du groupe à Roissy, direction Munich. Mais soucieux de préserver ses hommes et de changer le moins possible les habitudes, Luis Enrique a demandé aux supporters d'y renoncer. Ce que le CUP a respecté.

Autant le Collectif Ultras Paris n'appréciait pas du tout un Antero Henrique considéré comme un obstacle pour les supporters comme pour les ambitions de l'équipe, autant il affiche son soutien à Luis Campos. Au moment où le conseiller du président n'avait toujours pas prolongé malgré de très longs mois de négociations, les supporters ont d'ailleurs brandi des banderoles appelant au maintien du Portugais dans ses fonctions. Une suggestion du principal intéressé ? Le CUP jurera que non. Mais rappellera les bonnes relations avec un homme dont le travail à Paris a particulièrement porté ses fruits.

Des supporters instrumentalisés ?

Y a-t-il un risque d'instrumentalisation du Collectif Ultras Paris ? Au sein de l'organisation, on se dit conscient d'être devenu un enjeu. Pour le club d'abord, qui souhaite le soutien inconditionnel de ses supporters. Et qui fera savoir son désaccord, voire une certaine colère face aux actions déployées. Notamment ce jour de mai 2024 où Neymar a vu débarquer, en bas de son domicile de Bougival, une centaine de supporters furieux venus insulter le Brésilien et réclamer son départ. Un événement que citera le joueur à plusieurs reprises comme un quasi-traumatisme après son départ du PSG. Les figures du CUP se désolidariseront, assurant que cette décision n'était en rien collective et émanait d'un certain nombre d'individus ayant agi en leur nom propre. Un coup de tête qui passera mal auprès de Nasser Al-Khelaïfi, furieux de voir le CUP ou au moins certains de ses membres prendre régulièrement à parti, depuis les tribunes, Neymar ou Lionel Messi. Ou s'en prendre plus largement aux joueurs après de douloureuses éliminations en Ligue des champions. Au sein du mouvement, on dira que c'était, finalement, « pour le bien du club ». Mais le président du PSG préfère que les affaires se règlent en privé et sans interventionnisme extérieur.

Quelques anicroches qui ne remettent en rien en cause le soutien de NAK au Collectif Ultras Paris. Au sein du groupe, on évoque un homme « bienveillant », qui « s'est battu » pour aider les supporters à faire face aux interdictions de déplacement, tentant d'agir auprès des préfectures pour plaider leur cause. Le dirigeant qatari sait l'importance du soutien des fans. Y compris pour les autres sections du club. D'ailleurs, les membres du CUP bénéficient de la gratuité pour accéder aux matchs de l'équipe féminine ou à ceux de la section handball : une façon de s'assurer que l'ambiance ne se cantonne pas au Parc des Princes mais emporte tout une structure.

Au Collectif Ultras Paris, on plaide la complète indépendance d'esprit et la liberté de parole. Même s'il faut parfois en assumer les conséquences. Comme début novembre 2024, quand les supporters ont déployé un immense tifo « Free Palestine » à l'occasion du match contre l'Atlético de Madrid. Le groupe réfléchissait depuis des semaines à afficher son soutien au peuple palestinien, en prenant soin de ne pas attaquer Israël. Bruno Retailleau ministre de l'Intérieur que les supporters n'apprécient guère à cause de sa rudesse et de sa volonté d'encadrer voire d'écœurer certains supporters à force de procédures judiciaires et d'interdictions systématiques de déplacement – dira sa colère. Un membre éminent du CUP assure encore aujourd'hui que le club n'était pas au courant et que les supporters avaient pris soin de dissimuler le tifo dans un autre pour passer la sécurité et le faire entrer dans le stade. Le Qatar n'a que très peu goûté l'initiative, craignant de voir le Parc des Princes tomber dans des travers qui pénaliseraient le club, dans un climat géopolitique aussi tendu au Proche Orient. « On a grillé notre joker », reconnaît-on au CUP à propos de cette initiative, rappelant toutefois que les membres du collectif ont régulièrement affiché leur soutien « à ceux qui souffrent », qu'ils soient victimes d'un conflit ou d'une catastrophe naturelle. Bruno Retailleau, lui, n'oublie pas. Et c'est d'ailleurs à ce moment-là que le ministre de l'Intérieur a placé le CUP sur une liste de groupes de supporters visés par une possible dissolution administrative.

Les adieux discrets à Mbappé : une page qui se tourne

Autre risque d'instrumentalisation, pour le CUP : par les joueurs ou pour les joueurs. Car les supporters aiment faire passer des messages pro ou anti. En toute indépendance, assurent-ils, comme quand il s'agissait d'adresser un avertissement à Lucas Hernandez, étiqueté comme « marseillais » au moment de sa signature. La banderole « On fait tous des erreurs, être né à Marseille en est une » touchera particulièrement le défenseur, qui s'expliquera directement avec certains membres du CUP en privé.

Mais au-delà des manifestations de colère envers Neymar ou Lionel Messi, un autre cas a créé des remous au sein du CUP. La fin de l'aventure de Kylian Mbappé à Paris a divisé le collectif, dont l'amertume vis-à-vis d'une star devenue à leurs yeux ingrate peu à peu effacé la reconnaissance pour services rendus. Fayza Lamari, la mère de l'attaquant français, mais aussi d'autres membres de son entourage, ont tissé des liens avec des personnalités du CUP, ce qui a facilité l'impulsion de démonstrations de soutien. Mais la fin de l'histoire entre Kylian Mbappé et le PSG s'est trop faite dans la douleur pour que son entreprise fonctionne. Au point de soulever un véritable débat en interne pour savoir s'il fallait ou non organiser un événement pour remercier le champion du monde, au moment de son départ pour le Real Madrid.

Les discussions au sein du CUP ont été parfois houleuses. Mais c'est le comité de direction du groupe qui a fini par trancher en faveur de l'organisation d'un barbecue au Parc des Princes, le 10 mai 2024. Quelques instants plus tôt, Kylian Mbappé avait officialisé son départ dans un message sur les réseaux sociaux. Il en avait informé le CUP un peu avant. Le moment se fera dans la discrétion, sans ostentation. Avec l'envie, pour certains, de saluer l'implication et les performances du joueur au cours de ses sept années parisiennes. Pas d'ingratitude mais une reconnaissance a minima pour celui qui n'a jamais dérapé sur le plan sportif, là où Neymar ou Lionel Messi ont régulièrement provoqué la colère des supporters en donnant le sentiment d'être totalement désintéressés par le PSG. À l'échelle des supporters aussi, tout a changé en cet été 2024.

Épilogue

Les défis du PSG pour continuer à briller

C'est le fameux principe du sommet : quand vous l'avez atteint, vous ne pourrez que redescendre. Pour vous attaquer à un autre col dans la foulée ? Le Paris Saint-Germain a trouvé le saint Graal en allant enfin conquérir sa première Ligue des champions, il lui faut désormais se trouver une autre quête quasi existentielle.

Soyons clairs : rien n'aura plus jamais la saveur de cette première coupe aux grandes oreilles. Demandez aux supporters du Real Madrid qui, à force de voir leur équipe gagner, en viennent presque à banaliser un nouveau sacre en Ligue des champions. Sans tomber dans cet extrême, le PSG a désormais face à lui une mission moins euphorisante mais peut-être plus importante encore : durer. Un défi hautement difficile, presque plus que d'aller enfin ouvrir le compteur dans la compétition reine.

Durer oui, mais comment ? Il n'existe pas de recette miracle. Le Real Madrid, le FC Barcelone, le Bayern Munich, Manchester United, Liverpool, l'AC Milan… autant de clubs qui forment une aristocratie du football européen parce qu'ils ont su, au fil des décennies, s'installer durablement dans les conversations des différentes compétitions continentales. Parce qu'ils ont gagné. Parce qu'ils ont regagné. Tout n'a pas été rose et certains « gros » traversent actuellement des crises sportives (voire au-delà) qui ne parviennent toutefois pas à les faire descendre d'un piédestal presque historique. Mais si le PSG veut s'installer pleinement au rang de ces mastodontes, il va falloir prouver que cette Ligue des champions n'était pas un « *one shot* ».

La méthode la plus simple serait de gagner très vite une deuxième fois. D'affilée ? Dans les deux ou trois ans à venir ? Le tirage au sort amène trop d'incertitude pour immédiatement penser à un *back to back*. Et puis il y a la contrainte du calendrier, qui éprouve tant les organismes des joueurs : la Coupe du monde des clubs a, en ce sens, encore alourdi la note… pendant que certaines équipes (Liverpool, Barcelone, Arsenal) pouvaient offrir une vraie coupure à leurs joueurs, qui ont face à eux un marathon qui les emmènera jusqu'à la Coupe du monde 2026. Avec pour certains, à l'instar d'un Achraf Hakimi si précieux dans les rangs parisiens, une Coupe d'Afrique des nations à jouer en plein hiver 2025-2026.

Il faut aussi accepter que la recette qui a si bien fonctionné en 2025 soit sans doute amenée à être modifiée. Sous peine de tomber dans l'insipide. À ce titre, les deux dernières saisons de Manchester City sont un cas d'école. À l'instar du PSG, le club mancunien a tout mis en œuvre durant plus d'une décennie pour arriver à l'aboutissement ultime d'une Ligue des champions (là aussi avec une finale remportée contre l'Inter Milan). Derrière, la chute n'a pas été immédiate. Au courage et surtout grâce à une implication sans faille, les joueurs de Pep Guardiola ont maintenu le bateau à flot. Mais on sentait bien qu'il tanguait déjà. City n'a pas voulu tout révolutionner, conservant en très grande partie son ossature sur le terrain : comment écarter des joueurs qui vous ont tant donné ?

C'est pourtant quand on gagne qu'il faudrait acter les changements les plus radicaux. Une même formule fonctionne rarement deux fois. Alors en 2024, les Skyblues sont parvenus à décrocher un nouveau titre en Premier League, tout en donnant des signes de fatigue évidents. En Ligue des champions, le parcours s'est arrêté en quart de finale face au Real Madrid, futur vainqueur. L'année suivante, la troisième place en championnat, acquise sans briller, au courage et à l'abnégation, n'a pas vraiment sauvé les meubles après l'élimination en barrage de Ligue des champions.

« Les choses ne durent pas éternellement », avait conclu Pep Guardiola. Et même chez l'habitué du genre, le Real Madrid, qui a connu une retombée douloureuse en championnat comme en Coupe d'Europe sur cette saison 2024-2025, après le sacre en Ligue des champions. Le PSG ne pourra que s'en souvenir. Mais à Paris, les perspectives sont un peu différentes : le groupe est jeune – et cette jeunesse a d'ailleurs ébloui tout le monde sur la scène européenne – avec des talents qui atteignent ou dépassent tout juste la vingtaine. Ce qui augure de belles années encore. Le groupe est sain : désormais sans superstar, le vestiaire a gagné en sérénité, en solidarité et en bonne humeur. Les bisbilles peuvent toujours arriver. Mais si chamailleries il y a, elles ne viendront pas s'ajouter à un terreau difficile.

Il n'en demeure pas moins que le PSG, qui a si magnifiquement compris comment tout gagner, doit aussi apprendre à perdre et surtout à gérer les contrariétés. En finale de Coupe du monde des clubs, l'addition a été salée face à Chelsea : défaite parisienne 3-0 contre des Blues sortis d'une drôle de saison mais arrivés aux États-Unis en pleine montée en puissance, après leur sacre en Ligue Conférence et leur top 4 en Premier League. Inefficacité, largesses défensives, individualités moins au rendez-vous après avoir brillé en Ligue des champions… la fatigue physique est une excuse valable avec 65 matchs joués sur… 65 possibles puisque le club a atteint 100 % des finales des compétitions disputées. Mais face à une équipe bien organisée, tactiquement très préparée et collectivement assez impressionnante, les Parisiens n'ont jamais trouvé la faille. Après la claque infligée au Real Madrid de Kylian Mbappé (4-0), beaucoup les donnaient déjà vainqueurs. Eux aussi l'ont sans doute pensé. Mais entre possible excès de confiance et surtout usure mentale, Paris n'y était pas. Et dans ce manque de maîtrise global, plusieurs joueurs ont commencé à perdre leurs nerfs, à partir dans la confrontation à force de frustration. Perdre s'apprend, remonter un score encore plus. Le PSG n'y était plus habitué.

Reste l'entraîneur, Luis Enrique. C'est peut-être la plus grande incertitude du PSG. Sous contrat jusqu'en 2027, l'Espagnol a acquis, grâce à cette saison 2024-2025 une quasi-immunité aux yeux de sa direction et des supporters. Il restera à jamais le génie du premier sacre en Ligue des champions. Mais ses méthodes sans concession et son exigence de chaque instant ont déjà, nous l'avons vu, créé quelques tensions sporadiques dans le groupe. Il se sait au-dessus de ses joueurs, par la nouvelle structure du club, et il l'applique. L'ancien entraîneur du Barça a parfois su mettre de l'eau dans son vin, faire amende honorable : mais saura-t-il rester aussi pragmatique pour durer ? Ses expériences passées n'ont pas montré de signe en ce sens. Luis Enrique a parfois eu du mal à contenir sa nervosité, il l'a montré avec fracas au coup de sifflet final de la défaite contre Chelsea en Coupe du monde des clubs, avec ce geste proche de la gifle à l'encontre de l'attaquant des Blues Joao Pedro. Il aura fallu Presnel Kimpembe, devenu le grand frère du vestiaire, pour le retenir. L'entraîneur plaidera la volonté de « séparer les joueurs ». Les images restent floues. Mais elles en disent long sur les risques de tension de sa part quand les événements ne tournent pas parfaitement en sa faveur. En football comme dans la vie, l'équilibre est fragile et la moindre anicroche vient parfois troubler une ambiance qui semblait idyllique. Mais au PSG, on aime les défis. Depuis toujours.

Remerciements

Un grand merci à nos proches, amis et famille, toujours présents et à l'écoute.

Pour Fabrice : Catherine et Fidèle, Brice, Gaëlle, Aura, Christian, Inès, Téhila, Jean-Pierre, Eva, Malotru.

Pour Apolline : Salim, Natacha, Justine.

Merci à la rédaction de RMC Sport, notamment à Karim Nedjari et Pierre Koetschet pour leur soutien.

Merci à ceux qui ont rendu ce livre possible chez Flammarion, à Sophie de Closets pour sa confiance, Bertrand Pirel pour ses conseils précieux, Alizée Andrès pour sa patience et son professionnalisme. Nous avons pris plaisir à construire ce livre avec vous. Nous espérons que l'expérience se renouvelera.

Merci aux lecteurs et lectrices d'être arrivés jusque-là en ayant, on l'espère, appris des choses et passé un bon moment.

Table

NORD COMPO
multimédia

Composition et mise en pages
Nord Compo à Villeneuve-d'Ascq

CET OUVRAGE
A ÉTÉ ACHEVÉ D'IMPRIMER
SUR ROTO-PAGE
PAR L'IMPRIMERIE FLOCH
À MAYENNE EN AOÛT 2025

*Les Éditions Flammarion sont investies dans une démarche active pour l'empreinte environnementale de leurs parutions.
Ainsi, le livre que vous tenez entre vos mains a été imprimé en France sur des papiers issus de forêts gérées durablement, par un imprimeur engagé dans la protection de l'environnement.*

N° d'édition : 658351-0. N° d'impression : 107479
Dépôt légal : septembre 2025
Imprimé en France